"十三五"国家重点出版物出版规划项目·重大出版工程规划

中国工程院重大咨询项目成果文库

战略性新兴产业发展重大行动计划研究丛书

丛书主编　钟志华　邬贺铨

战略性新兴产业
发展重大行动计划综合研究

王礼恒　钟志华　邬贺铨　等　著

科 学 出 版 社

北 京

内 容 简 介

本书主要针对《“十三五”国家战略性新兴产业发展规划》提出的重大工程，从主要方向、完成目标、资金规模、支持方式、产业布局、区域布局、重点企业等方面出发，从技术的成长性和成熟度、产业的战略性地位、与国际先进水平的差距、主要瓶颈、推行重大行动之后能达到的技术水平、作为重大项目组织的可行性、与国家已有项目的关联度、需要国家作为重大行动来安排的理由、资金需求及筹措渠道、政策需求十个方面选择和分析，提出“十三五”战略性新兴产业发展重大行动计划及实施路径，推动重点任务及重大工程落地，引领产业发展。

本书可供战略性新兴产业的各级行政管理部门、发展规划部门，新兴产业研究人员，产业界及社会公众阅读参考。

图书在版编目（CIP）数据

战略性新兴产业发展重大行动计划综合研究 / 王礼恒等著. —北京：科学出版社，2019.3

（战略性新兴产业发展重大行动计划研究丛书 / 钟志华，邬贺铨主编）

“十三五”国家重点出版物出版规划项目·重大出版工程规划

中国工程院重大咨询项目成果文库

ISBN 978-7-03-060571-9

Ⅰ. ①战…　Ⅱ. ①王…　Ⅲ. ①新兴产业－产业发展－研究－中国

Ⅳ. ①F269.24

中国版本图书馆 CIP 数据核字（2019）第 030289 号

责任编辑：陈会迎 / 责任校对：孙婷婷
责任印制：徐晓晨 / 封面设计：正典设计

科 学 出 版 社 出版

北京东黄城根北街 16 号
邮政编码：100717
http://www.sciencep.com

北京建宏印刷有限公司 印刷
科学出版社发行　各地新华书店经销

*

2019 年 3 月第 一 版　开本：720×1000　B5
2020 年 10 月第二次印刷　印张：11
字数：220 000

定价：116.00 元

（如有印装质量问题，我社负责调换）

"战略性新兴产业发展重大行动计划研究"
丛书编委会名单

顾　问：

徐匡迪　　路甬祥　　周　济　　陈清泰

编委会主任：

钟志华　　邬贺铨

编委会副主任：

王礼恒　　薛　澜

编委会成员（以姓氏笔画为序）：

丁　汉	丁文华	丁荣军	王一德	王天然	王文兴
王华明	王红阳	王恩东	尤　政	尹泽勇	卢秉恒
刘大响	刘友梅	孙优贤	孙守迁	杜祥琬	李龙土
李伯虎	李国杰	杨胜利	杨裕生	吴　澄	吴孔明
吴以成	吴曼青	何继善	张　懿	张兴栋	张国成
张彦仲	陈左宁	陈立泉	陈志南	陈念念	陈祥宝
陈清泉	陈懋章	林忠钦	欧阳平凯	罗　宏	岳光溪
岳国君	周　玉	周　源	周守为	周明全	郝吉明
柳百成	段　宁	侯立安	侯惠民	闻邦椿	袁　亮
袁士义	顾大钊	柴天佑	钱清泉	徐志磊	徐惠彬

栾恩杰　　高　文　　郭孔辉　　黄其励　　屠海令　　彭苏萍
韩　强　　程　京　　谢克昌　　强伯勤　　谭天伟　　潘云鹤

工作组组长：周　源　刘晓龙

工作组（以姓氏笔画为序）：

马　飞　　王海南　　邓小芝　　刘晓龙　　江　媛　　安　达
安剑波　　孙艺洋　　孙旭东　　李腾飞　　杨春伟　　张　岚
张　俊　　张　博　　张路蓬　　陈必强　　陈璐怡　　季桓永
赵丽萌　　胡钦高　　徐国仙　　高金燕　　陶　利　　曹雪华
崔　剑　　梁智昊　　葛　琴　　裴莹莹

"战略性新兴产业发展重大行动计划研究"课题组成员名单

王礼恒　　中国航天科技集团有限公司　工程院院士

屠海令　　北京有色金属研究总院　工程院院士

柳百成　　清华大学　工程院院士

吴　澄　　清华大学　工程院院士

王崑声　　中国航天系统科学与工程研究院　科技委主任研究员

薛　澜　　清华大学公共管理学院　院长、教授

周　源　　清华大学　副教授

李　清　　清华大学　教授

李应博　　清华大学　教授

裴莹莹　　中国环境科学研究院　高工

安　达　　中国电子科技集团公司电子科学研究院　高工

陈必强　　北京化工大学　副教授

张　博　　中国矿业大学（北京）　副教授

孙旭东　　中国矿业大学（北京）　副教授

邓小芝　　中国汽车工程研究院股份有限公司　部长

高金燕　　中国汽车工程研究院股份有限公司　工程师

张　俊　　西安交通大学　教授

李腾飞　　北京有色金属研究总院　高工

杨春伟　　北京航天智造科技发展有限公司　副主任

徐国仙　　浙江大学　副教授

朱含蓄　　中国工程科技发展战略研究院　研究助理

刘晓龙　　中国工程科技发展战略研究院　办公室主任

胡良元　　中国航天工程科技发展战略研究院　办公室主任

王海南　　中国航天工程科技发展战略研究院　高工

马雪梅　　中国航天工程科技发展战略研究院　高工

崔　剑　　中国航天工程科技发展战略研究院　工程师

郭姣姣　　中国航天工程科技发展战略研究院　工程师

陆春华　　中国航天工程科技发展战略研究院　工程师

"战略性新兴产业发展重大行动计划研究"
丛书序

　　中国特色社会主义进入了新时代，中国经济已由高速增长阶段转向高质量发展阶段。战略性新兴产业是以重大技术突破和重大发展需求为基础，对经济社会全局和长远发展具有重大引领带动作用的产业，具有知识技术密集、物质资源消耗少、成长潜力大、综合效益好等特点。面对当前国际错综复杂的新形势，发展战略性新兴产业是建设社会主义现代化强国，培育经济发展新动能的重要任务，也是促进我国经济高质量发展的关键。

　　党中央、国务院高度重视我国战略性新兴产业发展。习近平总书记指出，要以培育具有核心竞争力的主导产业为主攻方向，围绕产业链部署创新链，发展科技含量高、市场竞争力强、带动作用大、经济效益好的战略性新兴产业，把科技创新真正落到产业发展上[1]。党的十九大报告也提出，建设现代化经济体系，必须把发展经济的着力点放在实体经济上，把提高供给体系质量作为主攻方向，显著增强我国经济质量优势[2]。要坚定实施创新驱动发展战略，深化供给侧结构性

---

　　[1] 中共中央文献研究室. 习近平关于科技创新论述摘编. 中央文献出版社，2016
　　[2] 习近平. 决胜全面建成小康社会　夺取新时代中国特色社会主义伟大胜利. 人民出版社，2017

改革，培育新增长点，形成新动能。

为了应对金融危机，重振经济活力，2010 年，国务院颁布了《国务院关于加快培育和发展战略性新兴产业的决定》；并于 2012 年出台了《"十二五"国家战略性新兴产业发展规划》，提出加快培育和发展节能环保、新一代信息技术、生物、高端装备制造、新能源、新材料、新能源汽车等战略性新兴产业；为了进一步凝聚重点，及时调整战略性新兴产业发展方向，又于 2016 年出台了《"十三五"国家战略性新兴产业发展规划》，明确指出要把战略性新兴产业摆在经济社会发展更加突出的位置，重点发展新一代信息技术、高端制造、生物、绿色低碳、数字创意五大领域及 21 项重点工程，大力构建现代产业新体系，推动经济社会持续健康发展。在我国经济增速放缓的大背景下，战略性新兴产业实现了持续快速增长，取得了巨大成就，对稳增长、调结构、促转型发挥了重要作用。

中国工程院是中国工程科技界最高荣誉性、咨询性学术机构，同时也是首批国家高端智库。自 2011 年起，配合国家发展和改革委员会开展了"战略性新兴产业培育与发展""'十三五'战略性新兴产业培育与发展规划研究"等重大咨询项目的研究工作，参与了"十二五""十三五"国家战略性新兴产业发展规划实施的中期评估，为战略性新兴产业相关政策的制定及完善提供了依据。

在前期研究基础上，中国工程院于 2016 年启动了"战略性新兴产业发展重大行动计划研究"重大咨询项目。项目旨在以创新驱动发展战略、"一带一路"倡议等为指引，紧密结合国家经济社会发展新的战略需要和科技突破方向，充分关注国际新兴产业的新势头、新苗头，针对《"十三五"国家战略性新兴产业发展规划》提出的重大工程，提出"十三五"战略性新兴产业发展重大行动计划及实施路径，推动重点任务及重大工程真正落地。同时，立足"十三五"整体政策环境进一步优化和创新产业培育与发展政策，开展战略性新兴产业评价指标体系、产业成熟度深化研究及推广应用，支撑国家战略决策，引领产业发展。

经过两年的广泛调研和深入研究，项目组编纂形成"战略性新兴产业发展重大行动计划研究"成果丛书，共 11 种。其中 1 种为综合卷，即《战略性新兴产业发展重大行动计划综合研究》；1 种为政策卷，即《战略性新兴产业：政策与治理创新研究》；9 种为领域卷，包括《节能环保产业发展重大行动计划研究》《新一代信息产业发展重大行动计划研究》《生物产业发展重大行动计划研究》《能源新技术战略性新兴产业重大行动计划研究》《新能源汽车产业发展重大行动计划研究》《高端装备制造业发展重大行动计划研究》《新材料产业发展重大行动计划研究》《"互联网+智能制造"新兴产业发展行动计划研究》《数字创意产业发展重大行动计划研究》。本丛书深入分析了战略性新兴产业重点领域以及产业政策创新方面的发展态势和方向，梳理了具有全局性、带动性、需要优先发展的重大关键技术和领域，分析了目前制约我国战略性新兴产业关键核心技术识别、研发及产业化发展的主要矛盾和瓶颈，为促进"十三五"我国战略性新兴产业发展提供了政策参考和决策咨询。

2019 年是全面贯彻落实十九大精神的深化之年，是实施《"十三五"国家战略性新兴产业发展规划》的攻坚之年。衷心希望本丛书能够继续为广大关心、支持和参与战略性新兴产业发展的读者提供高质量、有价值的参考。

前　言

　　党的十九大报告指出，中国特色社会主义进入了新时代，这是我国发展新的历史方位，我国社会主要矛盾已经转化为人民日益增长的美好生活需要和不平衡不充分的发展之间的矛盾。我国经济的发展步入了新常态，已由高速增长阶段转向高质量发展阶段，经济增长的动力从要素驱动转向创新驱动，正处在转变发展方式、优化经济结构、转换增长动力的攻关期，建设现代化经济体系是跨越关口的迫切要求和我国发展的战略目标。习近平总书记参加十三届全国人大一次会议广东代表团审议发表重要讲话，强调"建设现代化经济体系，事关我们能否引领世界科技革命和产业变革潮流、赢得国际竞争的主动，事关我们能否顺利实现'两个一百年'奋斗目标。要更加重视发展实体经济，把新一代信息技术、高端装备制造、绿色低碳、生物医药、数字经济、新材料、海洋经济等战略性新兴产业发展作为重中之重，构筑产业体系新支柱"①。当前全球新兴产业迅猛发展，新的增长点不断涌现，将深刻改变未来产业格局。"十二五"规划以来，我国战略性新兴产业培育与发展取得了显著成效，

---

①　《习近平参加广东代表团审议时强调——发展是第一要务　人才是第一资源　创新是第一动力》，http://www.xinhuanet.com//mrdx/2018-03/08/c_137023316.htm，2018年3月8日。

在经济社会发展中发挥了重要的支撑引领作用。战略性新兴产业对于我国经济增长从要素驱动转向创新驱动，实现两个百年目标，抢占科技、产业制高点至关重要。"十三五"期间需要将战略性新兴产业放在更加突出的位置，进一步做好顶层设计，加强统筹布局和政策支持，提高产业自主创新能力和国际竞争力，进一步强化战略性新兴产业培育与发展，推动产业结构由中低端向中高端迈进，助推我国现代化经济体系建设。中国工程院重大咨询项目"战略性新兴产业发展重大行动计划研究"在"战略性新兴产业培育与发展战略研究""'十三五'战略性新兴产业培育与发展规划研究"等研究基础上，以院士为核心、以专家为骨干，对战略性新兴产业进行持续性的深入研究，围绕产业链布局创新链，构建从理论到技术，从技术到产品，从产品到商品的创新链，为"两个一百年"奋斗目标的实现，不断突破战略性新兴产业关键核心技术，培育新的增长点，推动产业集群发展。

本书以创新驱动发展战略、"一带一路"倡议等为指引，紧密结合国家经济社会发展新的战略需要和科技突破方向，充分关注国际新兴产业的新势头、新苗头，加强生产性服务业、"互联网+"等产业发展重点的研究。主要针对《"十三五"国家战略性新兴产业发展规划》提出的重大工程，从主要方向、完成目标、资金规模、支持方式、产业布局、区域布局、重点企业等方面出发，从技术的成长性和成熟度、产业的战略性地位、与国际先进水平的差距、主要瓶颈、推行重大行动之后能达到的技术水平、作为重大项目组织的可行性、与国家已有项目的关联度、需要国家作为重大行动来安排的理由、资金需求及筹措渠道、政策需求十个方面去选择和分析，提出"十三五"战略性新兴产业发展重大行动计划及实施路径，推动重点任务及重大工程真正落地。立足"十三五"期间整体政策环境，进一步优化和创新产业培育与发展政策，开展战略性新兴产业评价指标体系、产业成熟度深化研究及推广应用工作，支撑国家战略决策、引领产业发展。

"战略性新兴产业发展重大行动计划研究"项目组

2019 年 1 月

目　录

第一章　全球新兴产业格局变化与未来发展重点分析

一、战略性新兴产业的格局变化

（一）发达国家依然占据产业链高端，发展中国家正在加快赶超步伐

从全球市场竞争格局来看，欧洲、美国等发达国家和地区依然在战略性新兴产业的高端市场占据主导地位。截至 2015 年，美国、日本、德国、加拿大、法国等发达国家约占全球节能环保产业 2/3 的市场份额。欧盟、日本等国家和地区再生资源产业的发展也一直处于世界领先水平，已经建立起比较成熟的废旧物资回收网络和交易市场。但是发达国家节能环保产业已经呈现出成熟工业特征，如增长速度减缓、同行竞争激烈、利润减少、企业兼并频繁等。而发展中国家的节能环保市场保持着高速增长，在全球市场的份额不断增加，尤其是以中国、印度为代表的发展中国家。

从卫星及应用市场主体来看，除美国、欧洲等传统航天强国和地区依然占据主导地位之外，我国 2016 年 8 月发射的量子通信首星、

北斗导航系统的区域稳定服务、高分等遥感卫星系统建设持续推进，以及印度"一箭104星"等一系列重点事件，标志着以中国、印度为代表的发展中国家正在加快赶超步伐。目前北美、欧洲和日本等发达国家和地区的轨道车辆制造商占据国际业务的高端市场，在制造车辆和设备方面，制造商不仅开发车辆系统和软件，设备技术含量高，还承担了轨道交通项目系统集成的角色。欧美等国家和地区垄断高端海洋装备及配套设备研发、设计、生产、供货、总包的企业处于第一阵营，其产品因技术含量及利润率高在国际海洋工程装备产业具有很强竞争力。

世界著名企业集团凭借其技术研发、资金和人才等优势不断向新材料领域拓展，在高附加值新材料产品中占据主导地位。信越化学工业株式会社（Shin-Etsu Chemical Co., Ltd.）、日本胜高（SUMCO）及德国Siltronic等企业占据国际半导体硅材料市场份额的70%以上。半绝缘砷化镓市场90%以上被日本的株式会社日立制作所、住友电气工业株式会社、三菱化学控股株式会社和德国的弗莱贝格化合物材料公司所占有。陶氏化学（Dow Chemical）公司、通用电气（General Electric，GE）公司、瓦克（Wacker）集团和罗纳—普朗克化工集团（Rhone-Poulenc）及日本一些公司基本控制了全球有机硅材料市场。美国杜邦公司（DuPont Inc.），日本大金工业株式会社（Daikin Industries, Ltd.），Hoechst GmbH、3M公司、Ausimont公司，法国埃尔夫阿托化学有限公司（Elf Atochem, Ltd.）和英国帝国化学工业有限公司（Imperial Chemical Industries, Ltd., ICI）7家公司拥有全球90%的有机氟材料生产能力。美国科锐（Cree）公司的碳化硅衬底制备技术具有很强的市场竞争力，飞利浦（Philips）控股的美国Lumileds公司的功率型白光LED（light emitting diode，发光二极管）国际领先，美国、日本、德国等国企业拥有70%LED外延片生长和芯片制备核心专利。小丝束碳纤维的制造基本被日本的东丽株式会社、帝人株式会社、三菱化学控股株式会社和美国的郝氏（Hecxel）公司所垄断，而大丝束碳纤维市场则几乎被美国的 Fortafil 公司、Zoltek 公司、Aldila 公司和德国的西格里（SGL）公司 4 家所占据。美国铝业公司（Alcoa）、德国 Trimet Aluminium 铝业公司、法国铝业公司等世界先进企业在高强高韧铝合金材料的研制生产领域居世界主导地位。美国的 Timet 公司、美国铝业公司和 Allegen Teledyne 公司三大钛生产公司是世界航空级钛材的主要供应商。

（二）全球制造业竞争格局发生重大调整，多领域交叉融合趋势愈发明显

国际金融危机发生后，美国、欧盟、日本等发达国家和地区纷纷实施"再工业化"战略，重塑制造业竞争新优势，加速推进新一轮全球贸易投资新格局。各国都在加大科技创新力度，美国推出工业互联网，德国推出工业 4.0，推动三维（3D）打印、移动互联网、云计算、大数据、生物工程、新能源、新材料等领域取得新突破。俄罗斯、巴西、印度和南非等新兴经济体也在加快谋划和布局新技术开发与新兴产业发展，积极参与全球产业再分工，承接产业及资本转移，拓展国际市场空间，中国提出了《中国制造 2025》，推动中国制造业加快迈向全球价值链中高端。

产业的融合发展日趋明显，新一代信息技术与各学科、各领域的深度融合和广泛渗透，正在引发影响深远的产业变革，形成新的生产方式、产业形态、商业模式和经济增长点。基于信息物理系统（cyber physical systems，CPS）的智能装备、智能工厂等智能制造正在引领制造方式变革；网络众包、协同设计、大规模个性化定制、精准供应链管理、全生命周期管理、电子商务等正在重塑产业价值链体系；可穿戴智能产品、智能家电、智能汽车等智能终端产品不断拓展制造业新领域。

大数据技术与其他领域在广度和深度上不断融合，在公共安全、

城市管理、交通运输等多领域广泛应用，前景无限；信息安全技术，从监测到理解，从数据收集到行为、异常分析的转变，将大幅提升信息系统防护和产业发展水平。云计算、移动互联网等面向服务的商业模式创新，不断开辟新的产业增长点，促进技术创新在教育、医疗等传统领域的应用，推动传统信息技术产业向其他领域渗透，实现产业升级换代并重塑产业格局。

（三）数字经济正在高速增长，并将深入推进战略性新兴产业的发展

随着信息技术的快速发展，数字经济发展迅猛，在经济发展中的引领和主导作用不断增强。美国、欧盟、英国、德国、日本等国家和地区纷纷出台数字经济相关发展战略，推动经济社会的数字化转型[1]。美国从 20 世纪 90 年代就开始推动数字经济发展，启动"信息高速公路建设"，发布了《浮现中的数字经济》《新兴的数字经济》《数字经济 2000》《数字经济 2002》《数字经济 2003》《数字政府：构建一个 21 世纪的平台以更好地为美国人民服务》《联邦云计算计划》《网络安全国家行动计划》《关于保护和发展数字经济安全的报告》等报告和相关政策。欧盟委员会 2005 年推出《i2010——欧洲信息社会：促进经济增长和就业》，2010 年 5 月发布"欧洲数字议程"政策，2015 年 5 月发布了数字化单一市场战略，2016 年 4 月发布欧洲工业数字化战略。英国出台《数字经济法案》《数字经济战略（2015—2018）》《英国数字化战略》等，旨在建设数字化强国；德国发布《德国联邦政府 ICT 战略：数字德国 2015》、工业 4.0、《数字议程（2014—2017）》、《数字化战略 2025》，明确了德国制造转型和构建未来数字社会的思路；日本提出建设"超智能社会"，最大限度地将网络空间与现实空间融合。经济合作与发展组织（Organization for Economic Co-operation and Development，OECD）发布的《2016 经济合作与发展组织数字经济

展望报告》显示，截至 2015 年，80% 的 OECD 成员国都制定了国家战略或部门政策，构建了数字经济国家战略框架。世界银行（World Bank，WB）、世界经济论坛（World Economic Forum，WEF）、OECD、全球移动通信系统协会（Global System for Mobile Communication Association，GSMA）、亚洲太平洋经济合作组织（Asia-Pacific Economic Cooperation，APEC）、二十国集团（G20）等国际组织均通过各种举措，大力推动数字经济发展。

2016 年杭州 G20 峰会发布《二十国集团数字经济发展与合作倡议》[2]，指出：数字经济正在经历高速增长、快速创新，并广泛应用到其他经济领域中。数字经济是全球经济增长日益重要的驱动力，在加速经济发展、提高现有产业劳动生产率、培育新市场和产业新增长点、实现包容性增长和可持续增长中正发挥着重要作用。据埃森哲咨询公司 2016 年发布的《数字颠覆：增长倍增器》报告测算[3]，2015 年美国数字经济总量已经占国内生产总值（GDP）的 33%，数字化程度的优化将在 2020 年使美国 GDP 增加 2.1%，对应增加 4210 亿美元。埃森哲咨询公司预测，行业数字化带来的社会效益可以远远超过其创造的行业价值。到 2025 年，各个行业的数字化转型有望带来 100 万亿美元的社会及商业潜在价值[4]。

2017 年 12 月 3~5 日举行了主题为"发展数字经济　促进开放共享——携手共建网络空间命运共同体"的第四届世界互联网大会[5]，习近平在贺信中指出，"中共十九大制定了新时代中国特色社会主义的行动纲领和发展蓝图，提出要建设网络强国、数字中国、智慧社会，推动互联网、大数据、人工智能和实体经济深度融合，发展数字经济、共享经济，培育新增长点、形成新动能。中国数字经济发展将进入快车道"[6]。2017 年 12 月 3 日，在第四届世界互联网大会上，中国、老挝、沙特阿拉伯、塞尔维亚、泰国、土耳其、阿拉伯联合酋长国等国家相关部门共同发起《"一带一路"数字经济国际合作倡议》，提出通过加强政策沟通、设施联通、贸易畅通、资金融通和民心相通，致力于实现互联互通的"数字丝绸之路",打造互利共赢的"利益共同体"和共同发展繁荣的"命运共同体"。

（四）"一带一路"倡议为新兴产业发展带来新的机遇，国际合作不断加强

进入 21 世纪，在以和平、发展、合作、共赢为主题的新时代，面对复苏乏力的全球经济形势，纷繁复杂的国际和地区局面，2013 年 9 月和 10 月，中国国家主席习近平在出访中亚和东南亚国家期间，先后提出共建"丝绸之路经济带"和"21 世纪海上丝绸之路"（以下简称"一带一路"）的重大倡议，得到国际社会高度关注。2015 年 3 月，中国政府特制定并发布《推动共建丝绸之路经济带和 21 世纪海上丝绸之路的愿景与行动》[7]。"推动新兴产业合作，按照优势互补、互利共赢的原则，促进沿线国家加强在新一代信息技术、生物、新能源、新材料等新兴产业领域的深入合作，推动建立创业投资合作机制"是"一带一路"的合作重点之一。"一带一路"倡议提出 5 年以来，已经有 80 多个国家和国际组织同中国签署了合作协议[8]。2016 年"一带一路"沿线 64 个国家 GDP 之和测算为 12.0 万亿美元，占全球 GDP 的 16.0%；人口总数为 32.1 亿人，占全球人口的 43.4%；对外贸易总额为 71 885.5 亿美元，占全球贸易总额的 21.7%。[9]

2017 年 5 月 14~15 日，"一带一路"国际合作高峰论坛在北京召开，各国政府、地方、企业等达成一系列合作共识、重要举措和务实成果，论坛圆桌峰会联合公报提出[10]，重点推动政策沟通、设施联通、贸易畅通、资金融通、民心相通，促进各国发展战略对接，加强创新合作，支持电子商务、数字经济、智慧城市、科技园区等领域的创新行动计划，推动全球价值链发展和供应链连接，增加双向投资，加强新兴产业、贸易、工业园区、跨境经济园区等领域合作，为战略性新兴产业的发展带来新的机遇。

二、引发产业变革颠覆性技术分析

颠覆性技术创新将引发未来产业变革，将对我国创新型国家建设、战略性新兴产业发展产生重大影响，本书提出了"十三五"期间需要重点关注的 18 个技术方向。

（一）新一代信息技术产业颠覆性技术

1. 自动驾驶技术

自动驾驶可以提供更安全、更舒适、更节能、更环保的驾驶方式和交通出行综合解决方案，具有极大的社会价值和经济价值，其意义不仅在于汽车产品和技术的升级，更有可能带来汽车及相关产业全业态和价值链体系的重塑[11]。美国、日本、欧洲等发达国家和地区均将其作为国家战略规划，从政策上加大研发和产业化推进的投入力度。目前，全球一流的整车企业，如 GE 公司、福特汽车公司（以下简称福特）、奔驰汽车公司、宝马汽车公司、沃尔沃汽车公司、丰田汽车公司（以下简称丰田）、日产汽车公司等已经实现 DA/PA（driver assistance/partial automation，驾驶辅助/部分自动驾驶）级自动驾驶产品的商业化。我国《智能网联汽车技术路线图》提出 2020 年左右实现 CA（conditional automation，有条件自动驾驶）级智能化，2025 年以后实现 HA/FA（high automation/full automation，高度自动驾驶/完全自动驾驶）级智能化的发展目标。未来 10 年，结合移动互联网、大数据、云计算的智能驾驶服务有望逐渐普及，自动驾驶将打造智慧城市交通系统，构建绿色汽车社会，为人类的出行、生产、生活方式带来深刻变革。

2. 先进计算技术

经济社会重要行业领域的快速发展迫切需要超高性能、超大存储、超高通量、超低功耗的新型计算机。根据计算领域世界各国正在开展的重大科技计划及其预期成果，可以发现美国的《普适高性能计算计划》、欧盟的《地平线 2020》(*Horizon 2020*)计划、英国的《量子技术国家战略》等具有重要影响力的重大科技计划均将高性能计算、量子计算等作为重要技术方向，从人类发展面临重大挑战的高端计算、面向经济社会服务的计算基础设施和面向端应用时代的嵌入式计算等方面，开展先进计算技术研究。

先进计算技术预期将重点突破冯·诺依曼体系结构，运用非传统硅工艺制造超高性能、超低功耗、超高通量、超大存储的计算和存储芯片，结合量子计算、类脑计算、生物计算、光计算等有可能颠覆传统计算模式的新型计算技术，重点解决大科学、大工程和大数据等领域的人类重大挑战，在核聚变模拟、人工固氮、气象预测、药物设计、高温超导、新材料设计等领域发挥重要作用。

3. 天地一体化信息网络技术

天地一体化信息网络作为我国未来信息化建设的核心基础设施，是服务国民经济建设、国家安全不可或缺的保障。得益于低成本火箭发射技术、微小卫星平台技术和载荷技术的迅猛发展，实现全球信息特别是天基信息共享的天地一体化信息网络正在全世界范围内引发广泛关注。考虑到我国各类天基信息系统发展中面临的一些特殊制约条件，自主建设以天基网为核心的天地一体化信息网络迫在眉睫。

天地一体化信息网络建设是满足国家战略需求、推动经济社会快速发展的基础。具备全球无缝的常态化覆盖能力，可为陆、海、空、天各类移动和固定用户提供随遇接入的信息服务，满足海上交通要道、海外热点区域的信息保障需求；可实现偏远及不发达地区的信息网络覆盖，促进边远地区教育、医疗、文化水平提升。

4. 智能化软件技术

智能化软件旨在增强人类和机器认识及改造世界的能力，并通过自动化的软件开发技术，增强软件产品和服务的供给能力。目前，欧美各国及地区通过"PPAML"（Probabilistic Programming for Advancing Machine Learning，高级机器学习概率编程计划）、"BRAIN Initiative"（脑计划）、"Human Brain Project"（人类大脑计划）等重大科技计划，在通用型基础支撑软件、大数据环境下的智能系统软件、面向特定领域的应用软件等方面，不断提升软件的智能水平。

为了满足大数据与网络化环境下日益增长的软件需求，可感知、能学习、会演化、善协同的智能化软件将成为主流。智能化软件预期将发现大数据中蕴含的人类知识及智能，并通过知识工程等技术，将人类智能迁移至软件智能，结合众包、群智等新型软件开发方式，推动软件工程与人机智能的深度交叉与泛在融合。

5. 网络虚拟身份管理技术

网络虚拟身份管理的主要作用是打击网络欺诈，建立诚信网络，遏制有害信息的传播和扩散，治理网络空间，保护用户隐私。开展网络虚拟身份管理的研究不仅可以满足网域空间安全的需求，而且对推动我国相关产业快速发展具有十分重要的战略意义。

我国已经初步建立了面向用户（人口）的虚拟身份管理系统及其相关支撑平台，在可信、可管、可控方面进行了重点研究，并在部分城市和行业成功试点。但在设备、应用服务及各类组织机构的身份管理技术等方面的研究有待加强，与网络新应用的结合方面还不够深入，从技术可行到全面实行还有距离，亟须在工程技术方面进一步突破。突破十亿级用户的网络虚拟身份高效管理技术有望出现并在全国推广，实现与各类网络应用的高度集成，全面实现"使网络空间清朗起来"的总目标。

6. 量子通信技术

量子通信具有绝对的安全性优势，在当前复杂多变的信息安全形势下，量子通信将彻底改变未来信息产业的发展格局。从全球来看，量子通信技术已经从实验室演示走向产业化和实用化，目前正朝着高速率、远距离、网络化的方向快速发展。据中国科学院预计，到2020年，亚洲与欧洲的洲际量子密钥分发将实现，连接亚洲与欧洲的洲际量子通信网也将建成；到2030年左右，我国将建成全球化的广域量子通信网络，届时，我国将形成由元器件、通信设备、量子通信网络运营及专网应用服务四大环节构成的量子通信产业链，将量子通信技术带进千家万户，服务于大众，成为电子政务、电子商务、电子医疗、生物特征传输和智能传输系统等各种电子服务的驱动器，为高度信息化的社会提供基础的安全服务和最可靠的安全保障。

（二）高端装备与新材料产业颠覆性技术

1. 可重复使用运载技术

未来10年，全球商业航天发射市场需求将继续保持强劲势头，低成本进入空间已成为卫星及应用产业，乃至整个航天产业的发展目标和发展重点。目前，世界主要航天国家均把低成本作为运载火箭的重要发展方向，均在努力发展可重复使用运载技术，如猎鹰9号、火神、H-3、阿里安-6等，其成本均比各国主流运载火箭有所降低。可重复使用运载技术的突破与发展，不仅能够带动固液混合构型设计技术、模块化设计技术、快速测试发射技术、系统简化设计技术、3D打印技术等一系列技术的突破与创新，而且将进一步带动生产模式与经营模式的转型升级，广泛吸纳工业4.0、物联网、云计算、大数据为代表的新兴领域技术成果，促进信息化与智能化的深度融合，通过适度引入民营资本，构建起航天优势力量与民营资本良性互动的发展渠道。

2. 超材料制备及其规模化技术

超材料制备及其规模化技术主要包含电磁超材料大规模产业化、布局智能化超材料的研发应用及其在声、热、力领域的研究应用。未来 10 年，电磁超材料将在原理摸索和工程应用相结合的基础上，实现大规模产业化。在隐身作战方面，随着各类隐身结构件及隐身电磁窗设计技术的不断成熟，武器装备在红外波段的隐身性能将全面提高。同时，电磁超材料的设计、仿真和加工能力将大幅提升，工作频谱将从微波进一步拓展到毫米波、太赫兹光波段等；超材料的形式也由无源被动向智能可控、数字化可编程等主动方式演变。在天线方面，低成本、轻量化的共形天线设计技术将更为成熟，具备低副瓣、宽频带、低色散、可变覆盖范围等超出传统天线性能的超材料新型天线将全面走向应用。基于陶瓷和纳米材料等新体系的电磁超材料将日趋成熟，电磁超材料的应用广度和深度将不断拓展。在智能化超材料方面，超材料微结构单元或群体将具备自感知、自决策、可控响应等功能，通过与数字网络系统深度融合，形成材料级的 CPS，并结合大数据技术，实现材料领域的突破式质变。未来 10 年，智能超材料技术将完成工程产品的全面转化，并在复杂电磁环境下联合智能作战平台、智能隐身装备、智能可控电磁窗、下一代雷达、立体电子战、飞行器智能网络、车辆交通智能网络、可穿戴设备智能网络、超材料智能物联网等实现颠覆式产业应用。此外，超材料研究和应用也将延伸到声、热、力等领域并成为未来的产业发展重点。未来 10 年，基于声学超材料的新型隔声技术有望从根本上解决传统声学隐身材料对低频声波几乎无吸收效果的问题，用于飞机、坦克、指挥所等装备的声学隐身；声学超材料有望让潜艇穿上"隐声衣"，用于降低声呐探测能力以实现潜艇的减震降噪。热学超材料因可控热辐射和可控热传导的特异性能，从而实现热学隐身；"热幻象伪装术"还能使作战单元躲避敌方热/红外探测仪侦测。力学超材料因负泊松比、负压缩转换等特性，可用于制造触觉斗篷、耐压缩/耐拉伸材料、弹性陶瓷、可编程橡胶海绵、轻质高强材料等，在耐疲劳发动机零件、防震动蒙皮、航空航天轻质高强结构等领域有广泛应用前景。

3. 超宽禁带半导体材料制备技术

在氮化铝单晶方面，随着尺寸逐步放大，从 2005 年前的 10 毫米直径逐步发展到现在的 2 英寸[①]（50.8 毫米），未来 10 年将可能出现 3 英寸和 4 英寸产品。晶体质量逐步提高，点缺陷抑制技术逐步成熟，禁带宽度逐步逼近理论值，应用验证步伐加快。在单晶金刚石方面，美国、日本、欧洲等国家和地区相继把高质量金刚石晶体材料的制备作为重点开发项目，把发展高质量金刚石单晶生长技术作为未来材料应用的突破口。目前，国外进行金刚石单晶制备及器件开发的研究单位主要有英国元素六公司、日本产业技术综合研究所（National Institute of Advanced Industrial Science and Technology，AIST）、日本物质材料研究所（National Institute for Materials Science，NIMS）、美国卡耐基研究院地球物理实验室、美国空军研究实验室（Air Force Research Laboratory，AFRL）、美国国防先进研究项目局（Defense Advanced Research Projects Agency，DARPA）、Scio Diamond Technology 公司和 SP3 Diamond Technologies 公司等。其中，英国元素六公司致力于生产电子级金刚石，而 AIST 致力于大尺寸单晶金刚石生长研究，美国的 Scio Diamond Technology 公司致力于克拉级宝石——金刚石的制备，SP3 Diamond Technologies 公司致力于多晶金刚石膜的制备及应用工作。AFRL 和 DARPA 则着重于金刚石上氮化镓的功率放大器方面的研究工作。未来单晶金刚石行业将致力于高质量、大尺寸单晶金刚石的制备，以实现单晶金刚石在半导体领域的应用。在 $\beta\text{-}Ga_2O_3$ 晶体方

---

① 1 英寸=2.54 厘米。

面，目前主要的研发国家有日本、德国和印度等，日本的 Waseda（早稻田）大学、Tohoku（东北）大学、Nippon Magnetics 公司等多个研究组对该单晶材料展开生长研究工作，主要采用浮区法和导膜法进行生长，生长的单晶直径达 1~2 英寸。日本情报通信研究机构（National Institute of Information and Communications Technology，NICT）的研究小组和株式会社田村制作所及其子公司株式会社光波，就 β-Ga$_2$O$_3$ 单晶基板的晶体管市场给出充分肯定。株式会社田村制作所指出目前已实现产品化 2 英寸口径的 β-Ga$_2$O$_3$ 基板，计划推出 4 英寸产品，还将挑战开发口径为 6 英寸的产品，力图实现全面产业化生产。日本针对低损耗、高功率 β-Ga$_2$O$_3$ 单晶衬底 LED 照明产业方向展开了大量研究。从技术难易角度而言，在超宽禁带半导体材料中氮化铝和氧化镓材料更易于技术突破，产业化前景最为看好。预计 5~10 年，将突破 3 英寸以下氮化铝单晶材料和 4 英寸以下氧化镓单晶材料制备技术，并实现万片以下量产规模。预计 10~20 年将突破 3 英寸以下金刚石单晶材料和 2 英寸以下氮化硼单晶材料制备技术，同时，氮化铝和氧化镓单晶材料将实现量产，得到大规模应用，大尺寸氮化铝和氧化镓单晶材料取得技术突破。

4. 超导材料制备技术

超导材料具有常规材料所不具备的零电阻、完全抗磁性两个基本特性。利用超导材料这两个基本特性可以制造高场强超导磁体，实现零电阻输电和制造高性能量子超导电子学器件，其在能源、医疗、交通、科学研究及国防军工重大工程等方面有重要的应用价值和巨大的开发前景。

随着"十三五"期间我国智能电网、高端医疗装备制造、加速器和核聚变大科学装置发展规划相继公布，未来 10 年我国超导材料与技术的发展需求将持续增长，预计到 2020 年我国超导材料与技术将全面进入产业化阶段。通过完成低温超导材料产业升级换代、突破高温超导材料批量化制备关键技术，全面实现超导技术在电力、能源、交通、医疗和国防领域的规模应用，全面促进我国超导材料和应用技术产业升级，培育新的经济增长点。

5. 石墨烯材料制备技术

石墨烯作为未来发展的重要潜在的颠覆性材料，近年来受到世界各国的广泛关注。2013年，欧盟推出了迄今为止最大的研发计划——石墨烯旗舰计划，准备在10年内投入10亿欧元，推动石墨烯从实验室走向实际应用。中国对石墨烯的发展也高度重视，早在2012年，就将其列入《新材料产业"十二五"发展规划》当中。2015年以来，石墨烯的相关政策更是逐步加码。《中国制造2025》规划将石墨烯和其他三种材料列为前沿新材料。预计未来5~10年内，石墨烯相关产品可能涉及电子领域的高性能传感器、柔性显示屏、柔性电子器件，石墨烯浆料领域的石墨烯导电油墨及防腐、防腐涂料，能源领域的高性能电池、超级电容器、太阳能电池及风力发电机叶片，环境领域的污水处理、海水淡化及大气污染治理，高性能材料领域的高强度橡胶和塑料，医药领域的药物输送和临床检测等。

探寻石墨烯以外的其他新型二维材料是凝聚态物理与材料科学领域研究的前沿。正如石墨烯一样，大尺寸、高质量的其他二维材料制备对探索二维极限下新的物理现象和性能非常重要，并且对未来电子、光电子器件的研究具有巨大价值。磷烯、硅烯、锗烯、铪烯、锡烯、氮化硼、硒化铟、硫化钼为代表的过渡金属硫化物及过渡族金属碳化物等二维材料在近些年都取得了一定的研究进展，极大地拓展了二维材料的性能和应用。未来基于二维材料的器件有望突破传统半导体工艺面临的各种限制与挑战，成为现有硅体系半导体材料与器件的替代技术。

在实际应用中，将石墨烯及二维材料优势发挥出来的前提是发展大规模、低成本、结构与性能可调控的石墨烯及二维材料批量化制备技术。因此，制备技术是石墨烯及二维材料产业化进程中的核心技术。

（三）生物产业颠覆性技术——合成生物学技术

合成生物学以工程化设计理念，对生物体进行有目标的设计、改造乃至重新合成，突破了生命发生与进化的自然法则，促进了对生命密码从读到写的质变，打开了从非生命化学物质向生命物质转化的大门，将生命科学引入多学科会聚研究的第三范式，催生了继 DNA（deoxyribonucleic acid，脱氧核糖核酸）双螺旋结构发现和基因组测序之后的"第三次生物科学革命"。基于多学科交叉融合与大数据利用，合成生物学成为可预测、可工程化的科学，使设计"自然"为人类服务成为可能，在生物技术颠覆式创新方面展现了无限的潜力，有望为破解人类面临的资源、能源、健康、环境、安全等领域重大挑战提供新的解决方案。在欧美等发达国家和地区的强力支持下，国际合成生物学研究飞速发展，合成生物学的使能技术、体系构建、实用性技术已经取得了革命性进展。随着基因组化学合成成本不断下降，合成基因组对象已从噬菌体、支原体等原核生物，逐渐发展到酵母等真核生物；DNA 生命密码被成功拓展，正在对生物功能、生物性状，甚至生物多样性带来难以想象的影响。人工生物合成青蒿素、紫杉醇等植物源药物，人工生物合成新分子化学品、新材料分子、超强蜘蛛丝军用材料，以及人工基因线路诊疗、分子识别与生物传感等方面也不断取得新的突破。合成生物学正在向全人工的人造生命不断接近，正在推动着生物技术的一场变革。

（四）新能源汽车、新能源和节能环保产业颠覆性技术

1. 煤炭清洁高效转化与利用技术

在燃煤发电技术领域，具有颠覆性的技术为新一代 IGCC（integrated

gasification combined cycle，整体煤气化联合循环）与 IGFC（integrated gasification fuel cell，整体煤气化燃料电池）发电及多联产技术，其供电效率有望突破 50%甚至达到 60%以上，大大降低供电煤耗，节约煤炭资源；在二氧化碳减排方面[碳捕获利用与封存（carbon capture utilization and storage，CCUS）]，具有颠覆性的技术为固体氧化物电解池（solid oxide electrolyser cell，SOEC）技术。

先进现代的煤化工技术有：清洁高效、煤种适应性强的煤气化技术，低阶煤分级分质利用技术，高效、高选择性的合成技术。

2. 非常规油气开发利用技术

以致密储层改造为核心的一批关键技术的突破，推动了北美以页岩油气为代表的非常规油气高速发展，并已经形成页岩油气地质综合评价、地球物理"甜点"预测、水平井钻井及多级压裂、微地震等一批关键核心技术。美国页岩油气的成功勘探开发，是全球油气工业又一次理论技术的创新与跨越。它的意义在于突破了早期油气工业的常规储层下限和传统的圈闭成藏观念，并将对传统石油天然气地质理论赋予全新的学科内涵；拓展了油气资源的勘探开发类型与资源量，实现了当前油气开采瓶颈技术的升级换代。由于页岩油气革命，美国油气对外依存度不断下降，能源独立正逐步实现，全球能源格局正发生深刻变化。我国 2009 年开始页岩气实质性勘探开发，经过不懈努力，成为世界上第三个页岩气实现商业开发的国家。

2016 年以来，我国、日本等国家的深水天然气水合物开采技术取得积极进展，减压法、热力法、抑制剂法等开发工艺正在实践中进一步完善。如果天然气水合物实现商业化开采，那么将对未来的能源格局产生重大影响。

3. 智能电网与储能技术

智能电网是在传统电网基础上，将电力技术与信息、通信、传感、计算机网络技术等高度融合，集数字化、自动化、智能化、信息化于一体，实现电网与用户间互动的新一代电网，代表电力技术的发展方向。构建智能电网，适应高比例可再生能源接入是世界范围内的整体发展趋势，成为各国在能源领域着重关注的前沿问题。由于风能、太阳能等可再生能源形式固有的间歇性和不确定性，其高比例接入电力系统将对现有的系统规划设计和运行管理方法带来很大挑战。除了集中式的大规模风电场、光伏电站在输电系统并网，高渗透率可再生电源分布式地接入中低压配电系统也将是智能电网的一个显著特点和技术发展重心。新型电力电子装备和储能设备的广泛应用，将促使系统的灵活性、经济性和安全稳定性进一步提高。电力市场，尤其是配电侧电力市场及辅助服务市场的交易，在智能电网环境下也将得到进一步发展。一系列颠覆性技术，如高电压、大功率新型电力电子装置，规模化新型电能存储技术，规模化车网融合互动技术，高温超导电力装备及应用技术的突破将给智能电网产业发展带来重大变革。

4. 新能源技术（核能与可再生能源技术）

核能颠覆性技术包括：在目前运行和新建压水堆中应用耐事故燃料元件，能够显著提升现有核电机组的安全性和经济性；快中子反应堆技术，通过后处理与现有压水堆技术配合实现核燃料闭式循环，实现核能可持续发展；中小型反应堆或模块堆技术，能够大大拓展核能的非电力应用；核聚变技术，力争在可预见的时期实现能源的清洁、高效应用，突破现有资源的制约。

可再生能源颠覆性技术包括如下几种。风电技术：针对当前风电系统整体及零部件存在的某些技术瓶颈进行革新与发展，颠覆和取代现有技术，从而带来全球风电产业重大技术革命，包括分段式或组合式叶片技术、混合式塔筒技术、智能化风电技术。新型高效太阳能电池技术：其已经发展到从实验室走向中试示范的关键阶段，电池效率获得突破性进展，目前主要的电池结构种类包括介孔型和平板型，未来均可能取得重大突破，电池材料、器件设计和工艺技术是钙钛矿太阳能电池走向实用化面临的关键技术。太阳能热发电技术包括：高温气体太阳能热发电技术、固体粒子太阳能热发电技术、化学储热技术、高效率聚光器及聚光场设计技术。生物质能技术：生物质能产业尚不能迅猛发展，主要是占据生物质资源半数以上的木质纤维素类生物质能源技术开发尚存在瓶颈，新型能源植物育种与栽培技术、低耗高效的预处理技术、高性能产酶/发酵菌株的选育技术、高效催化剂制备技术、全组分高值化利用技术的突破将会给生物质能产业带来颠覆性的发展。地热能技术：干热岩资源发电是全球地热产业未来 5~10 年最重要的发展方向，增强型地热系统是在干热岩的资源基础上提出的，目前法国、澳大利亚、日本、德国、美国和瑞士都在进行开发与测试[12]。

5. 先进节能与污染治理技术

（1）基于低真空相变原理的工业废水余热回收技术。2015 年我国工业废水排放量约 200 亿吨，其中温度在 50~90℃的低品位热水可满足超过 20 亿平方米的建筑采暖需求。但由于生产工艺需求，这些废水中往往都含有浓度较高的酸碱类物质，一般都属于酸性或碱性离子水，易析晶、结垢并具有较强的腐蚀性。利用传统的接触式换热器进行余热回收时，溶解于水中的各类盐碱类物质由于温度的降低，会发生严重的析晶、结垢现象，产生大量污染物附着于换热壁表面，造成换热壁面迅速污染甚至堵塞。因此，高污染工业废水余热目前尚未得到有效且广泛的开发利用。基于低真空相变原理的高污染工业废水余热回收技术从根本上解决了传统换热器在回收高污染工业废水方面的结垢与腐蚀问题。目前我国正在大力推动余热暖民工程，该技术产品完全符合国家产业政策，市场前景广阔。仅对冶金、化工两个行业高污染工业废水资源量进行初步统计，2015 年产品市场总容量保守计算约 2700 台。预计到 2020 年，该技术的推广比例将达到 20%，累计投资约 20 亿元，可形成的年节能能力约为 48 万吨标准煤，年碳减排能力约 127 万吨二氧化碳。

（2）封闭直线式长冲程抽油机节能技术。2015 年，我国约有 22 万口油井，绝大部分采用传统游梁式抽油机，初步估算每天耗电量约为 1.06 亿千瓦时，能耗巨大。该技术克服了传统游梁式抽油机存在的平衡效果差、曲柄净扭矩脉动大、存在负扭矩、载荷率低和能耗大等缺点，采用塔架式全封闭布置、直线运动、平衡配重和高效变速传动等技术，具有长冲程、低冲次、悬点负荷大等特点，可提高抽油产量 15% 以上，大大降低生产能耗，节能效果显著。该技术可以替代传统游梁式抽油机，用于新建常规油井、深井、稠油井、高凝井、低渗透油田等，应用空间广阔。预计至 2020 年，该技术在行业内的推广比例可达到 5%，总投入约 30 亿元，可形成的年节能能力约 18 万吨标准煤，年碳减排潜力约 42 万吨二氧化碳。

（五）数字创意产业颠覆性技术——新型数字感知技术

新型数字感知技术是未来技术发展方向之一，利用先进的数字化手段捕获、再生或合成各种来自外部世界的感官输入（视觉、听觉、触觉、嗅觉、味觉等）；以各种不同的方式将再生的或合成的输入与自然接收的输入进行组合；协助人类感知组合的输入并对其做出反应；以及协助机器感知组合的输入并对其做出反应。在当今新型数字感知技术中，最具有热度和影响力的技术主要包括虚拟现实（virtual reality，VR）技术、增强现实（augmented reality，AR）技术及混合现实（mixed reality，MR）技术。新型数字感知技术在当今数字创意产业发展过程中占有重要地位，并成为创新设计、影视、媒体、动漫、游戏、数字出版等相关产业创新发展和深度融合的重要推动力。

三、未来全球战略性新兴产业发展趋势及重点

（一）新一代信息技术产业迈入全产业链竞争时代，泛在化、融合化、智能化趋势愈发明显

1. 新一代信息技术产业大步迈入全产业链竞争时代

随着全产业链时代的开启，产业链较强的整合能力逐渐代替单一产品或技术优势，成为决定企业竞争力的关键，即伴随原有产业边界被全面打破，谁最先进行产业链整合与重构，发展形成基于"软件+终端+内容"的整合能力，谁就将率先确立竞争优势。因此，在产业融合的背景下，向产业链的上下游环节有效拓展，成为企业在激烈的国际竞争市场中保持竞争力的基本要求。同时，产业链整合模式也在不断催生新的产业形态，并向传统产业领域全面加速渗透。未来整体的价值链将会发生变化，终端、平台及服务的价值将超越硬件成为增值主体。

2. 新一代信息技术泛在化、融合化、智能化趋势愈发明显

电子信息领域技术创新不断、屡有突破。例如，利用分布式计算技术提供海量廉价存储和计算能力的云计算；向规模化、智能化和协同化发展，已达到互联、互通、互操作的物联网；具有更透彻的感知、更广泛的互联、更深入的智能化特征的智慧城市等。此外，新一代信息技术持续向泛在、融合、智能和绿色方向发展，多样性、开放性及跨领域的技术创新不断涌现。这类技术创新有明显的特点，表现在：并非以某种主导技术为基础，而是在几乎所有信息技术领域都发生创新变革；并非终端、平台或应用的某一处创新，而是创新链或产业链的"集体行为"，是全球化的广泛过程。产业的融合发展日趋明显，为产业的转型升级奠定坚实的基础；软件加速向开源化、智能化、网络

化和服务化方向发展，产业链的垂直整合，促使网络产业的组织形态与方式发生变革；移动互联网、云计算等不断引领商业模式的创新、新产业业态的形成，全球电子信息产业面临新一轮"洗牌"，技术和产业竞争将更加激烈。

3. "软件定义一切"趋势日益明显

近年来，随着计算机网络和通信两大领域的融合深化，新一代信息技术产业软硬件融合趋势将进一步加深，集成硬件和软件的解决方案、以服务定制需求、重视用户体验将成为创新和业务开展的方向。同时，全球电子信息产业结构由信息技术硬件向信息服务应用倾斜，"软化"趋势更加明显。目前，全球信息产品制造业的比重进一步下降，包括数字内容在内的信息服务业比重不断上升。

伴随计算机网络和通信两大领域的融合深化，电子信息产业软硬件融合趋势进一步加深。目前，全球信息技术支出的主要增长动力来自软件及信息服务市场的增长，而软件产业呈现"服务化"趋势——软件即服务（software-as-a-service，SaaS）成为硬件、软件、互联网等行业的重要趋势。

4. 面向服务的商业模式创新重塑产业发展格局

服务是电子信息产业发展的基本趋势，商业模式是推动电子信息产业服务化的重要手段。在新一代信息技术领域，商业模式创新正在以层出不穷的新业态方式，促进技术创新在教育、医疗等传统领域的应用，推动传统信息技术产业向其他领域渗透，实现产业升级换代并重塑产业格局。云计算是技术革新和商业创新模式结合的典范，是信息服务的集中体现，其本质就是面向服务的商业模式创新——通过互联网向用户提供服务，用户无需购买或拥有复杂的软硬件系统即可享受云服务的便利与高效。创新的商业应用模式促使产业新业态不断涌现。

（二）智能制造引领制造业发展，制造业网络化、数字化、智能化、绿色化发展水平持续提升

1. 航空装备产业

随着中国大型民用飞机的研制成功，未来 20 年，大型民用飞机双寡头垄断开始受到冲击，单通道窄体民用飞机细分市场多极竞争，400 座级以下宽体民用飞机市场出现，"三极俱乐部"局面正在酝酿中。各种形式的合作成为增强自身竞争力的手段，大型民用飞机企业与其国内外供应商建立稳固的战略联盟，并采用专业化、国际化的大型民用飞机发动机、机载系统和航空材料的研发生产及客户服务主流商业模式。支线飞机制造业产业集中度、专业化程度不断提高，产品面向国际市场，需求向较大座级产品转移，降低总体油耗成为技术革新的焦点。直升机工业已构成一个非常有竞争性的工业领域，成为西方国家的主导产业之一，新兴国家也纷纷将直升机工业列为 21 世纪战略性产业加以发展。在完成了一轮合并重组后，形成了由欧洲直升机公司（现名空中客车直升机公司）、阿古斯塔·韦斯特兰公司、西科斯基飞机公司、贝尔直升机德事隆公司、波音公司和俄罗斯直升机公司六家巨头统治市场的局面，竞争格局整体趋向稳定，产业集中度不断提高。航空发动机产业领域垄断格局已经形成，GE 公司、英国罗尔斯·罗伊斯公司、普拉特·惠特尼集团公司和斯奈克玛公司四大公司及其合资企业占据了整个市场 80% 以上的份额。新兴国家要想打破这种格局，进入国际市场，面临着极大的困难。机载系统产品不断向系统综合化发展，具有较强实力的企业通过并购重组、业务整合提升系统集成能力，逐渐变成了系统集成供应商。航空电子系统由于综合化发展的趋势十分明显，尤其在系统集成和最新的前沿技术领域，已经基本形成了由霍尼韦尔国际公司、罗克韦尔·柯林斯公司和泰雷兹集团三大供应商主导的市场竞争格局。机电设备与系统领域专业更为广泛，公共

设备综合化发展尚在不断探索和完善中，因此，垄断性的系统集成商在行业内还不是十分突出。

2. 卫星及应用产业

从产业结构调整的趋势来看，卫星服务业已成为卫星及应用产业的主要驱动力量，是未来的发展重点。其中，面向消费者的大众应用服务板块拥有非常好的市场前景，未来将对卫星制造业、卫星发射业、地面设备制造业等板块产生更强的牵引带动力。从 2012 年以来的投资重点来看，如今全球已掀起商业航天的热潮，众多民营资本纷纷加入了商业航天的阵营，为卫星及应用产业的发展带来了新的活力，如 SpaceX（太空探索技术公司）、OneWeb（一网公司）等公司发布的雄心勃勃的全球空间宽带互联网计划，以及英国空天全球（SAS Global）公司的纳米卫星星座计划等，商业航天这一领域将有望在未来成为卫星及应用产业的主要业态形式。特别值得一提的是，2013 年以来小卫星市场蓬勃发展，大大降低了卫星技术要求和市场准入门槛，为以往无法涉足卫星产业的机构和企业快速进入该领域带来了新的希望和新的途径，有望成为卫星及应用产业的重要分支领域。相对于我国而言，在"一带一路"倡议、军民融合发展战略等的引领下，卫星及应用产业也将迎来重要发展机遇，卫星制造和卫星应用服务等方面的市场潜在增量空前巨大，伴随着民营资本的引入和商业化、市场化发展，我国卫星及应用产业将进一步实现快速发展，对经济社会发展产生更为广泛而深远的影响。

3. 轨道交通装备产业

未来几年，我国轨道交通装备制造业将重点实施"绿色、智能轨道交通装备创新工程"，发展绿色、智能轨道交通装备产品，实现全球领先战略目标。在技术创新和产品研发上，主动适应国内外运输市场变化和技术发展趋势，加快铁路客货运技术、产品和服务模式创新，全力满足铁路先进适用和智能、绿色、安全发展要求；紧紧抓住"一带一路""走出去"机遇，做好以中国标准动车组为代表的轨道交通装备、技术、服务整套解决方案和标准输出，建立全球化业务协同平台，提高"走出去"质量，加快"走进去"步伐；推进技术创新和服务能力提升，加强重载、快捷、高速、检修、节能环保、智能等关键技术研发和应用等。

4. 海洋工程装备产业

"十三五"期间在海洋工程装备领域的主要技术方向包括以下几个方面。

（1）海上油气开发装备。"十三五"期间，重点突破浮式液化天然气生产系统、张力腿平台、深水立柱式平台、浮式生产钻井储卸油系统、实时监测装备等重大装备。重点研究新概念海洋工程结构物研究开发技术、深水平台关键技术、浮式海洋结构物定位系统关键技术、数字化建造与精益制造技术、材料与防腐技术、深海平台实验技术等。

（2）海底矿藏开发装备。海底矿藏开发装备主要包括深海水下无人缆控潜水器、海底重载施工装备、深海采矿装备、可燃冰开发装备、水面支持系统等重大装备。"十三五"期间需要突破的关键技术包括：海底开矿作业技术、海底集矿技术、深水矿物提升技术等。

（3）海洋可再生能源开发利用装备。海洋可再生能源开发利用装备主要包括：波浪能发电、浮式风力发电机、潮流能利用、温差能利用等。"十三五"期间需要突破的关键技术有：波浪发电技术、风力发电技术、潮流能利用技术、温差能利用技术等。

（4）海上大型浮式保障基地及装备。海上浮式保障基地的形式有：海上机场、深远海保障基地、岛礁建设施工浮式基地、海上发射平台等。"十三五"期间需要突破的关键技术有：海上机场环形超大型深远海浮式基地相关技术、岛礁建设施工浮式基地相关技术、海上发射平台相关技术等。

（5）海洋生物与化学资源开发装备。海洋生物与化学资源开发装备主要包括：深海渔业养殖装备、深海微生物开发利用装备、海水化学资源提取关键装备等重大装备。

5. 高端数控机床产业

发达经济体纷纷重视本国制造业的发展：美国先后提出实施《先进制造业伙伴关系计划》《先进制造业国家战略计划》等发展先进制造业及技术；德国提出了工业 4.0 的发展蓝图，致力于以 CPS 为核心、智慧工厂为载体，发展工业 4.0，并将其定位为新一轮工业革命的技术平台；日本公布了产业结构蓝图，确定了 10 个尖端技术领域，并以此为依托强化国内制造业；英国、韩国、印度、中国台湾等国家和地区亦提出积极的战略与政策，推动新兴技术在数控机床等装备产业领域加快融合。机床工业一直以来都是主要国家和领先企业重要的战略布局点，未来制造业格局变化调整，尤其对于全球汽车、航空航天、高端装备制造业等高战略度行业，机床行业是重要的战略支点，对于未来竞争力杠杆起到重要的影响作用。工业和信息化部装备工业司对《中国制造 2025》的解读文件指出："《中国制造"2025"》将数控机床和基础制造装备列为'加快突破的战略必争领域'，其中提出要加强前瞻部署和关键技术突破，积极谋划抢占未来科技和产业竞争制造点，提高国际分工层次和话语权。"①

6. 工业机器人产业

2010 年以来，美国、日本、德国等工业发达国家已经将机器人产业的发展重心转移到实现机器人的智能化上来。美国在 2011 年便提出计划，重点开发基于移动互联技术的第三代智能机器人，目前，美国在视觉、触觉等方面的智能化技术已非常先进。德国为保持其制造业

---

① 《〈中国制造 2025〉解读之：推动高档数控机床发展》，http://www.gov.cn/zhuanti/2016-05/12/content_5072769.htm，2016 年 5 月 12 日。

领先地位提出了工业 4.0 计划，也将智能机器人和智能制造技术作为迎接新工业革命的切入点。日本于 2015 年策划实施机器人革命新战略，目标是将机器人与信息技术、大数据、网络、人工智能等深度融合，建立世界机器人技术创新高地。

7. 增材制造装备产业

根据 IDC（International Data Corporation，国际数据公司）的全球增材制造市场预测，到 2020 年全球增材制造市场规模将达 354 亿美元，比 2016 年的 159 亿美元市场规模翻了一番，这就意味着 2015~2020 年的 24.1% 年复合增长率，使得增材制造装备产业进入了快速增长期。增材制造技术受到世界科技强国和科技巨头公司的空前重视。增材制造的行业格局正发生变化，普通消费级增材制造市场已经趋于饱和，金属增材制造成为行业焦点，国际上处于各行业领先地位的公司都把重点放在金属增材制造领域，构建起广泛的合作伙伴生态系统，有望重新制定行业规则。国际科技巨头 GE 公司，使用金属增材制造来研发航天发动机、大型涡轮及其他高端装备。汽车行业巨头福特，利用增材制造技术进行汽车部件产品设计与研发；洛克希德·马丁空间系统公司利用金属增材制造技术研究高端武器装备、军工装备甚至增材制造打印导弹技术等。

（三）绿色、低碳成为新材料发展的重要趋势，革新材料研发模式成为关注的重点

1. 绿色、低碳成为新材料发展的重要趋势

新材料产业的崛起，引起电力、建筑、汽车、通信等多个产业发生重大变革，拉动风机制造、光伏组件、多晶硅等一系列制造业和资源加工业的发展，促进智能电网、电动汽车等输送与终端产品的开发和生产。欧美等发达国家和地区已经通过立法，促进节能建筑和光伏发

电建筑的发展，目前欧洲 80%的中空玻璃使用 Low-E（low-emission，低辐射）镀膜玻璃；太阳能电池转换效率不断提高，极大地推动了新能源产业发展。通过提高新型结构材料强韧性，提高温度适应性，延长寿命及设计复合化材料，可降低成本、提高质量，如碳纤维复合材料在大型飞机和导弹的主结构件中得到大量应用。功能材料向微型化、多功能化、模块集成化、智能化等方向发展以提升材料的性能；纳米技术与先进制造技术的融合将产生体积更小、集成度更高、更加智能化、功能更优异的产品。欧洲首倡的材料全寿命周期技术，对新材料产业绿色、低碳发展起到促进作用，也使钢铁、有色金属、水泥等大宗基础材料的单产能耗、环境载荷降低 20%以上。绿色、低碳的新材料技术及产业化将成为未来发展的主要方向，在追求经济目标的同时更加注重资源节约、环境保护、公共健康等社会目标。

2. 变革新材料研发模式成为关注的重点

进入 21 世纪以来，发达国家逐渐意识到依赖于科学直觉与试错的传统材料研究方法已跟不上工业快速发展的需求，甚至可能成为制约技术和工业进步的瓶颈。因此，革新材料研发方法，加速材料从研发到应用的进程被提上各国政府的议事日程。例如，美国政府在"先进制造伙伴"（advanced manufacturing partnership，AMP）计划中提出的"材料基因组"（materials genome initiative，MGI）计划，其目的是将材料从发现到应用的速度至少提高一倍，成本至少降低 1/2，发展以先进材料为基础的高端制造业，希望继续保持其在核心科技领域的优势。

MGI 计划的具体措施包括：①发展计算工具和方法，减少耗时费力的实验，加快材料设计和筛选；②发展和推广高通量材料实验工具，更快地进行候选材料验证和筛选；③发展和完善材料数据库/信息学工具，有效管理材料从发现到应用全过程数据链；④培育开放、协作的新型合作模式。MGI 计划的终极目标是实现通过理论模拟和计算完成先进材料的按需设计与全程数字化制造。

在变革新材料研发模式的过程中，欧盟、日本等国家和地区也启动了类似的科学计划。欧盟以轻量、高温、高温超导、磁性及热磁、热电和相变记忆存储六类高性能材料需求为牵引，推出了"加速冶金学"（accelerated metallurgy，AccMet）计划。

（四）生物医药、生物农业日趋成熟，生物制造、生物能源、生物环保快速兴起

1. 生物技术药物成为创新药物的重要来源

随着化学新药创制难度增大，生物技术药物逐步成为创新药物的重要来源。在全球药物市场中，生物技术药物的市场份额逐年上升，2014 年生物技术药物占总体药物市场销售额的 23%，相比 2013 年提高了 1 个百分点，预计到 2020 年这一比例将达到 27%。而在全球销售量前 100 名的药物中，2014 年生物技术药物销售收入占 44%，预计至 2020 年将进一步提升至 46%。生物技术药物国内外的重点发展领域包括抗体药、疫苗、蛋白/多肽治疗药物，干细胞治疗与组织工程，基因工程与基因治疗等。从技术发展趋势来看，基因工程技术为研发生物大分子药物提供新途径；合成生物学技术将合成基因、细菌、mRNA（messenger ribonucleic acid，信使核糖核酸）、免疫器件等应用于疾病研究和治疗；干细胞技术将重点发展研究模型、细胞治疗、器官再生；生命科学与新材料技术结合所衍生出的生物 3D 打印技术将发展迅速。

2. 生命健康服务产业将成为新的生长点

生物技术和信息技术的交叉融合创新将会对生命科学产业产生重大的影响。无线传感器、基因组学、成像技术和健康信息等技术的融合带来的变革使得个体化医疗及生命健康服务产业成为新的生长

点，将推动基因测序服务、生物芯片检测服务和干细胞医疗等领域的快速发展。云计算、社交网络和大数据分析在内的多种技术将支持智能移动技术在医疗保健中发挥作用。基于移动通信的个体医疗设备与远程医疗和数字决策医疗结合的数字医疗体系将形成新的医学模式。生物医学工程产业方面，高端医学影像诊疗装备行业将在磁共振成像（magnetic resonance imaging, MRI）、数字化 X 射线（digital radiography, DR）、电子计算机断层扫描（computed tomography, CT）、正电子发射断层扫描/X 射线计算机一体成像（positron emission tomography-computed tomography, PET-CT）、正电子发射断层扫描/磁共振成像（positron emission computed tomography-magnetic resonance imaging, PET-MRI）等领域进一步研究和探索，整体朝着更快速、更精确、更安全、更集成的方向发展。EvaluateMedTech 预测，2020 年诊断影像市场规模将达到 470 亿美元，特别是随着 4G 和移动终端的普及，中国可穿戴市场也将迎来爆发性增长。

康复方面，重点实现传统康复辅具与新兴技术（如移动信息、先进制造等）的融合。预计到 2020 年，全球体外诊断（in vitro diagnosis, IVD）市场规模将达 716 亿美元，我国体外诊断产业具有巨大发展潜力。

3. 生物技术在农业领域发挥越来越重要的作用

2014 年，全球转基因作物的种植面积为 1.815 亿公顷，年增长率为 3%~4%，比 2013 年的 1.752 亿公顷增加了 630 万公顷。2000 年以来，以水溶性肥料、微生物肥料等为代表的新型肥料产业蓬勃发展。截至 2017 年，全国各种类型的新型肥料的年产量已经达到 3500 万吨，每年推广应用面积近 9 亿亩①，促进粮食增产 200 亿千克，为全国粮食增产做出了巨大贡献。随着健康养殖需求的与日俱增，生物饲料产业的发展也将进入快车道。2018 年，全球生物饲料的市场规模达到 30

---

① 1 亩 ≈ 666.67 平方米。

亿美元/年，并以年均 20% 的速度递增，国内有 1000 余家企业专门从事生物酶制剂、益生素、植物提取物类饲料添加剂的生产。预计到 2025 年，生物饲料产品市场规模将达到 200 亿美元/年。

4. 绿色生物制造产业加速发展

全球绿色生物制造产业处于加速发展的阶段，生物基产品市场已在美国占据显著位置，超过美国 GDP 的 2.2%。据安捷伦科技有限公司估算，美国 2012 年仅来自工业生物技术的企业对企业（business-to-business，B2B）收入就达到了 1250 亿美元，生物基化工产品的应用约占 660 亿美元，而这其中有 300 亿美元的增长是依靠生物燃料。BCC Research 的一项研究表明，2016 年，化工产品的合成生物学市场规模增长到 110 亿美元。而麦肯锡全球研究所的一个广泛研究表明，合成生物学和生物产业化将提供一套颠覆性的技术，到 2025 年产生至少 1000 亿美元的经济影响。据 2015 年多项研究估计，在之后的 10 年，已有的石化生产至少有 20% 可被化学制造中的生物产业化所代替。巨大的市场规模和较高的增长率使得各国政府与跨国企业纷纷布局合成生物学技术，国际竞争的态势已经显现。

（五）动力电池技术突破及燃料电池技术研发是重点，分时租赁等共享模式成发展趋势

1. 动力电池技术突破及燃料电池技术研发成为关注重点

动力电池作为新能源汽车的能量储存装置，其性能的优劣直接影响新能源汽车的市场应用和普通消费者的接受度。世界主要汽车生产国均在持续支持开展动力电池技术创新研究和扩大产业规模，进一步提高动力电池的安全性、比能量、比功率及使用寿命，进一步降低制造和使用成本，以推动动力电池技术突破和市场推广应用[13]。美国发布《电动汽车普及大挑战蓝图》，重点支持插电式混合动力汽车用锂离

子电池技术的研发，实现纯电驱动汽车的性能提升和成本降低；日本新能源产业技术综合开发机构2013年发布的"二次电池技术路线图"中提出，电动汽车用二次电池以比能量、比功率、成本和寿命等指标作为研发方向；德国国家电动汽车平台提出在材料及电池开发、创新性电池设计技术、安全性评估及测试、电池寿命的建模与分析、大规模生产工艺技术五个方面开展研发工作。我国发布《节能与新能源汽车产业发展规划（2012—2020年）》重点支持动力电池的产业化和电池模块的标准化，同时在"十三五"期间（2016~2020年）计划设置新能源汽车重点研发专项，从动力电池新材料新体系、高比能锂离子电池、高功率长寿命电池、动力电池系统、高比能二次电池、测试评估六方面支持动力电池技术研发。

燃料电池汽车以其能源来源广泛、高效率和近零排放被普遍认为具有广阔的发展前景[14]，作为新能源汽车的重要技术方向，其对稳定能源供给，改善能源结构，发展低碳交通，提升国际竞争力和科技创新实力，保持汽车产业持续发展，具有重要意义[15]。美国、欧盟、日本和韩国均投入大量人力、资金进行燃料电池技术研发，GE公司、福特、克莱斯勒汽车公司、丰田、本田株式会社、奔驰汽车公司等已经开发出燃料电池车型，以租赁体验、公共交通等形式开展商业化示范运行，并逐步面向特殊领域的私人用户。我国在燃料电池方面的研发投入也不断加大，上海汽车集团股份有限公司（以下简称上汽）、郑州宇通集团有限公司、北汽福田汽车股份有限公司等企业纷纷推出燃料电池车型，在北京奥运会、上海世博会期间示范运行。从全球燃料电池汽车发展现状来看，当前技术还不够成熟，市场化应用处于起步阶段，产业处于萌芽阶段，今后的研究重点集中到提高燃料电池比功率、延长燃料电池寿命、提升燃料电池系统低温启动性能、降低燃料电池系统成本、规模建设基础设施和推广商业化示范等方面。

2. 分时租赁等共享商业模式成为未来汽车出行发展趋势

有效的商业模式对于新能源汽车的推广和应用发挥着极其重要的作用。面对新能源汽车销售成本高、续航里程短、配套基础设施建设不完备等现状，分时租赁等共享商业模式，通过分摊成本的手段重新分配和调整各环节利益，且能够提供异地还车、智能网上预约等方便快捷的服务，解决新能源汽车商业推广过程中的各个难题，逐渐成为未来汽车出行发展趋势[16]。

2016年，我国分时租赁模式得到进一步发展，新能源汽车分时租赁在政府、经销商、租赁公司等各类主体中的应用范围进一步扩大，南京、青岛、深圳、芜湖、唐山等十多个城市相继开展新能源汽车分时租赁推广。政府方面，部分机关、部委已经引入新能源汽车自助分时租赁项目，实行个人付费的市场化租赁服务方式，落实中央国家机关公车改革。企业方面，北京新能源汽车股份有限公司携手上海北斗交大新能源汽车服务有限公司，双方达成以分时租赁模式，通过开放共享平台展开全国性的战略合作。物流车租赁运营模式的应用继续在多个城市发酵升温，纯电动物流车成为新能源汽车推广的一大亮点。

（六）低碳、清洁、高效、智能的能源新技术产业成为能源发展的未来趋势，新能源产业是全球关注的重点

基于全球能源发展规律、各国的能源现实和能源新技术发展的趋势，可以发现世界能源生产与消费格局正在向绿色、低碳转型，全球新能源的生产和消费比例逐年迅速提高，更高效率、更低成本的能源新技术不断推广应用，能源电气化、智能化已逐渐成为能源发展主流，随着能源清洁、高效开发，大规模可再生能源利用、智能电网、自主核能发电等技术进步，构建低碳、清洁、高效、智能的能源新技术战略性新兴产业已成为推动全球各国能源发展、培育经济增长新动能的重要力量。

　　全球新能源产业将以核能和可再生能源产业发展为主。核能产业将向着安全水平更高、电力输出功率更大、规模经济更好的趋势发展。全球风电产业在未来一段时间内仍将保持高速增长，全球风电发展中心已经从欧美逐渐向以中国、印度和日本为首的亚洲地区转移。此外，海上风电产业将强势崛起。光伏产业技术和规模将进一步得到快速发展，太阳能光伏预计到 2030 年成为主要能源，并预计到 2050 年欧美光伏总装机容量将超过 15 亿千瓦，发电量可满足其 30% 的用电需求，太阳能光伏发电将成为全球主导电源之一。全球太阳能热发电进入初步产业化发展阶段，太阳能供暖在欧洲、美洲具备了经济可行性，国际能源机构（International Energy Agency，IEA）技术路线图显示，太阳能热发电有望成为具有竞争力的大容量电源，到 2020 年将承担调峰和中间负荷电力，2025~2030 年将承担基础负荷电力[17]。从全球来看，生物质能源的发展趋势是以生物炼制为主要方向，实现生物质资源的高效、高值化利用；由单一产品开发转向多产品联产；由发电和成型燃料等传统开发模式转向燃料乙醇、合成燃油和生物燃气等清洁生产模式；由单纯能源生产转向能源、化学品和材料综合开发；由传统农、林废弃物利用转向城市有机废弃物和能源植物资源开发。干热岩资源发电技术是全球地热能产业面向 2035 年的最重要的发展方向。未来地热能产业发展趋势包括地热资源与太阳能的结合，多级联合发电方式的结合与梯级利用，热能直接发电技术的快速发展，双工质发电技术的普及与推广，以及油田区地热发电等。

　　能源新技术其他产业方面，燃煤发电产业的未来发展方向是清洁、高效和近零排放，重视清洁煤发电技术的开发与示范、粉煤灰的精细利用，向规模化的高效、低能耗碳减排发展。现代煤化工产业布局仍将聚焦中国，技术储备和产能储备的战略定位将推动产业发展更加规范有序，核心竞争力将不断增强。以页岩油气为代表的非常规油气资源在全球的能源结构中将占据越来越重要的地位，正在成为未来油气勘探的战略性领域，与此同时，天然气水合物的巨大资源量将为未来的能源格局带来潜在的重大影响。世界电力技术总体朝着安全可靠、清洁环保、经济高效、智能开放方向发展，推进可再生能源高比例接入与消纳，构建能源互联网，满足用户多元化、灵活互动用电需求是电力产业的主要发展方向。

（七）节能环保技术与多领域交叉融合，由单一节能环保装备制造业向综合环境服务业发展

1. 节能环保技术向零能源建筑、零废水排放方向发展，与多领域交叉融合，向智能化、高端化、纵深化、综合化发展

在节能产业中，建筑领域的新技术发展趋势是建设零能源建筑。工业领域的新技术发展重点将集中在工业余热的循环利用。在环保产业中，零废水排放技术、智慧水务技术、应对极端天气的新型水资源管理技术是水处理/污水处理领域新技术的发展趋势。其中，零液体排放系统采用根据生产流程定制的先进处理技术套件，如蒸发器、盐水浓缩器和结晶器，将工业废水进行深度处理达到高纯度再循环利用。采用零液体排放系统的公司不产生污水，同时，可以避免污水排放许可和监管成本。零液体排放技术目前在电力、石油、天然气及化工等工业领域得到快速扩展。燃煤电厂排放控制技术、固体废弃物转化技术等也是目前技术发展的重点。与传统的废物焚烧方法不同，固体废物的转化新技术主要包括气化、等离子弧气化、热解和热解聚等。

新材料技术、新能源技术、生物工程技术正源源不断地被引进节能环保产业，实现节能环保产业的多学科交叉融合发展，实现技术的高端化；大数据、云计算、无线通信技术、物联网等手段也不断应用于节能环保产业，以建立实时监控的环境监控信息系统，实现产品和装备的节能及环保智能控制；更加强调"三高一低"的技术装备，即高附加值、高提取率、高利用率和低成本，以实现技术

产品的纵深化，如大力研发和发展海水淡化先进技术等。

2. 发展理念由末端治理转向清洁生产、生态文明，市场重点由制造业转向综合服务业

发达国家的环保产业已进入平稳发展期，具有以下特点：一是环保产业倾向于源流控制和全过程管理，逐步由污染治理向资源管理转变；二是未来发展的焦点将继续集中在综合环境服务业。以欧盟为例，其环保污染处理技术已处于世界领先地位，进而向资源管理、清洁生产等方向发展，资源管理与清洁生产的产值快速增加，资源管理产值已接近环境污染治理产值的 3 倍。美国的环保产业发展较早，也较为成熟，具有代表性。2015 年的数据显示，美国的环保服务行业占比很大，达到 79%，环保相关的制造业占 21%。其中，水处理厂、水务事业与固体废弃物管理是环保服务业的主要领域，并且各类环保服务业企业渗透在提高能效、污染修复、技术服务、项目咨询、环境服务等各个领域，新兴的企业多为环境服务类轻资产、高技术类企业。

（八）以科技力、制造力和想象力的深度融合，转变经济发展方式，促进消费增长，提升国家文化软实力和中华文化影响力

1. 数字文化创意技术装备创新提升

以企业为主体，产、学、研、用相结合，构建数字文化创意产业创新平台；加强基础技术研发，大力发展虚拟现实、增强现实、互动影视等新型软硬件产品，促进相关内容开发；完善数字文化创意产业技术与服务标准体系，推动手机（移动终端）动漫、影视传媒等领域标准体系广泛应用；建立文物数字化保护和传承利用、智慧博物馆建设、超高清内容制作传输等标准；完善数字创意"双创"（创新和创业）

服务体系。

2. 数字内容创新发展

依托先进数字文化创意技术，推动实施文化创意产品扶持计划和"互联网+中华文明"行动计划，支持推广一批数字文化遗产精品，打造一批优秀数字文化创意产品，建设数字文化资源平台，实现文化创意资源的智能检索、开发利用和推广普及，拓展传播渠道，引导形成产业链。

3. 创新设计发展

制定实施制造业创新设计行动纲要，建设一批国家级工业设计中心，建设一批具有国际影响力的工业设计集聚区。建设增材制造等领域设计大数据平台与知识库，促进数据共享和供需对接。通过发展创业投资、政府购买服务、众筹试点等多种模式促进创新设计成果转化。

四、贸易保护主义对战略性新兴产业发展的影响

美国贸易保护主义抬头，尤其是特朗普出台的一系列政策，将影响我国战略性新兴产业的发展。2018 年 3 月 22 日美国总统特朗普签署总统备忘录，依据"301 调查"的结果，对从中国进口的部分商品征收大规模关税。

（一）我国战略性新兴产业发展面临的国际化挑战

1. 我国新兴产业发展面临的国际化新形势

2018 年 3 月 22 日，美国总统特朗普签署针对中国"知识产权侵权"的总统备忘录，内容包括对价值 500 亿美元（约合 3165.5 亿元）的中国进口商品加征关税。随着中国在保护知识产权方面所取得的巨大成就及创新能力的不断提高，国际主要发达国家尤其是以特朗

普政府为代表的美国，对中国的发展逐渐产生了警惕与防备心理。世界知识产权组织（World Intellectual Property Organization，WIPO）2018 年 3 月公布的 2017 年国际专利申请统计数据显示，中国已经超过日本，并显著缩小了与美国的差距，专利申请量位居世界第二位。因此，中国不断面临着来自美国的"侵犯"，中国的新兴技术扩散、新兴产业发展不断面临着威胁。

2. 我国的一些创新政策受到了国际制约和质疑

（1）集成电路产业发展政策：我国税收优惠政策工具受到指责。为了推动我国软件产业和集成电路产业的发展，2000 年 6 月 24 日国务院颁布了《国务院关于印发鼓励软件产业和集成电路产业发展若干政策的通知》（国发〔2000〕18 号），采取了一些税收优惠政策，引发了国外产业和政府，特别是美国政府和美国产业的密切关注。美国政府于 2004 年 3 月 18 日向世界贸易组织（World Trade Organization，WTO）起诉，指责中国对集成电路产业的税收优惠措施违反了世界组织规则。由于实践考察中发现这些措施在操作中难以进行，我国随后取消了税收优惠的相关规定。

2015~2016 年全球近 2000 亿美元的并购中，中国成功参与并购的项目金额不足 6%，集成电路行业未出现大的收购案例。由于中国半导体海外并购的行为已经引起了美国等西方国家的重视，针对中国企业的并购采取了更严格的审查，市场化运作的集成电路产业基金被国际媒体扭曲，中国企业或资本参与的国际并购项目屡屡被否决。国内收购海外半导体企业面临越来越大的挑战，这进一步阻碍了中国集成电路产业的发展。

（2）风电产业发展政策：组合型产业创新政策面临的制约。为加快风电装备制造业技术进步，促进风电产业自主发展，我国于 2008 年制定了《风力发电设备产业化专项资金管理暂行办法》，支持对象为中国境内从事风力发电设备生产制造的中资及中资控股企业，在中国的外资企业不能申请。2010年12月22日，美国请求世界贸易组织对"中国向国内风力发电设备制造商提供高达数亿美元补贴"一事展开调查，称该办法实际上等于形成了违规的进口替代补贴，即以使用本国出产的货物为条件而给予补贴。中美双方在日内瓦达成一致，签署了谅解备忘录，中方废除了专项资金管理办法。

（3）太阳能电池板等反补贴调查：阻击中国产品进入美方市场。2011年7~9月，美国太阳能公司Solyndra LLC、Spectra Watt和Evergreen Solar纷纷倒闭。美国政府坚持认为，这些公司倒闭的原因之一是中国太阳能产业的迅速崛起。针对中国光伏产业的挑战，考虑到通过世界贸易组织诉讼时间长、不确定性大、执行期间长，美国决定采取本国调查并且征收反补贴税的方式，阻止中国产品进入美国，从而保护本国产业。2012年10月10日，美国商务部最终裁定，对中国出口美国的太阳能光伏组件产品，征收23.75%~254.66%的反倾销和反补贴关税[18]。在此案中，涉及中国的品牌认定、高科技认定、价格补偿、税收抵免等多种产业政策。

3. 我国的产业创新政策正面临国际上更大的压力

（1）自主创新产品与政府采购被迫脱钩。《国家自主创新产品认定管理办法（试行）》《政府采购自主创新产品目录》的颁布，鼓励以自主品牌替代进口产品，这引发了西方发达国家的普遍不满，认为此行动会阻碍其他国家产品进入中国政府采购领域。美中贸易全国委员会（The US-China Business Council，USCBC）在提交的修改建议书中认为，该目录会导致歧视性政策。以美国为首的西方国家不断地对中方施加政治压力，包括美国前总统奥巴马在内的高级官员多次向中国政府表达关注，要求中方不要采取"歧视性"的政府采购政策，尽管此政策并不违规。2011年，中方在中美联合声明中表示"中国的创新政策与提供政府采购优惠不挂钩"，随后财政部废止了自主创新产品政府采购的相关办法。

（2）高科技产业认定及自主知识产权政策受到国际指责。2008年,《高新技术企业认定管理办法》出台, 要求被认定的企业必须在中国境内注册, 并且对其主要产品的核心技术拥有自主知识产权。美国等国家认为, 此办法鼓励外国公司将技术转让到中国子公司或合资公司, 是一种变相的强制技术转让, 所以中国不应该将政府优惠与知识产权挂钩。在2011年中美商贸联委会上, 美方明确对此办法提出反对。经过谈判, 中方表态会在2013年后研究是否将政府优惠与知识产权或技术许可脱钩。

（3）自主创新政策网络建设面临国际压力。2010 年, 美国国际贸易委员会（United States International Trade Commission, USITC）正式启动对中国的"332调查", 并提交了《中国的知识产权侵权和自主创新政策对美国经济影响》报告。该报告认为中国已构建了一个由政府采购、人才引进、知识产权、技术标准、政府资助等政策组成的自主创新政策网络, 而这些政策歧视国外竞争者, 对外商直接投资（foreign direct investment, FDI）和中国的出口形成障碍, 并强迫外资企业对中国进行技术转移。

由此可见, 在可预见的未来, 外方仍然会积极指责我国的各项产业创新政策, 对促进国际技术转移、鼓励自主知识产权、补贴中资企业、含各类优惠政策的产品目录等各种创新政策进行打压。正如美国"301条款"中所述, 只要是对美国贸易"不合理"和"不公平"的, 美方就要加以限制或采用广泛报复的措施。

（二）美国新兴产业创新政策的手段

产业的创新发展存在着市场失灵现象, 而政府采取鼓励、扶持和保障等创新政策来促进产业的发展符合产业经济发展的客观规律。针对战略性新兴产业, 不仅我国出台了相关的扶持政策, 国外也有大量的类似政策, 对产业创新进行培育和促进。这些创新政策, 往往也与国家的产业利益紧密地联系在一起, 有时也会产生溢出效应, 影响其他国家的产业利益。尤其在 2009 年，美国总统奥巴马发表《美国创新战略》报告，指出美国成功的关键在于保证其在科学发现和技术创新方面的世界领先，并且将技术优势迅速转化为产业优势，服务于美国的经济增长，加大了美国政府对创新和产业的直接干预力度。

1. 美国研发优惠政策鼓励高科技发展和自主研发，强制技术转移

1981 年，美国联邦政府颁布《经济复苏税收法案》（Economic Recovery Tax Act，ERT），允许联邦政府对企业的科技研发投入进行税收抵扣补贴。1982 年，明尼苏达州率先颁布州法案，对州内企业的科技研发投入进行税收抵扣补贴。截至 2008 年，美国已有 34 个州实行此法案，对企业的研发投入增加部分给予高达 10%的税收抵扣，对高科技发展进行大力培育。在对企业研发投入的资格认定上，法案特别规定受惠的企业必须在美国本土进行研发投入和专利申请，任何在美国本土之外的研发投入，都不得算入税收抵扣的基数。这条规定对企业在美国本土之外的研发投入有着非常强的区域歧视，并且有着强制企业向美国本土转移技术的倾向。

2. 美国创新政策会作用于研发之后的阶段，从而对产品的市场竞争形成干扰，动摇自由市场经济的立场

在 1973 年的石油危机之后，美国联邦政府已经不限于以政府采购等非直接干预的方式对技术创新施加影响，而是逐步涉足影响创新过程中研发之后的阶段，其中一种常用的手段就是示范项目。2008 年金融危机之后，美国又一次掀起了示范项目的高潮。这次危机使得美国政府在一定程度上动摇了自由市场经济的立场，更多地选择了国家干预的措施来促进产业创新发展。另外，即使是针对企业的研发优惠政策，实际操作中也往往无法区分研发和示范等其他创新推广活动。

3. 美国会针对具体的本国产业进行扶持和培育，对外资进行歧视

2011 年 2 月，美国国家经济委员会、经济顾问委员会、科技政策办公室又联合发布《美国创新战略》同名报告，重申了奥巴马政府通过创新重振美国经济和竞争力的宏伟蓝图，并且充分讨论了政府在支持创新系统上可能发挥的作用。报告特别指出，美国政府需要大力促进某些产业发展，其中优先发展替代能源、空间技术、先进医疗、教育技术、生物纳米和先进制造等产业。其中，《2009 美国复苏与再投资法案》从总额为 7870 亿美元的经济刺激计划中拨款 4.67 亿美元财政补贴直接投入新能源产业。其后，一系列的政策出台，包括对新能源企业的直接补贴政策。各个州政府也推出了各自的产业政策，以培育和吸引新兴产业及企业在州内的发展。

4. 美国会针对具体的公司提供政策优惠和扶持，影响市场公平竞争

美国政府也高度重视太阳能光伏产业。美国联邦政府曾针对光伏产业，颁布投资减税政策。奥巴马就任总统后，在投资减税政策之外，还有补贴政策可供选择，并推行了债务担保制度，美国政府 2009 年推出的 7870 亿美元刺激计划中包括了 184 亿美元的清洁能源贷款，这令许多企业获益，这些新政使美国太阳能企业直接受益。其中，受人瞩目的太阳能电池板制造商 Solyndra LLC 申请破产保护前就曾获得 5.35 亿美元的纳税人担保。美国政府标榜自己不干预市场经济，但在光伏产业中，却出台政策向数十个私营企业担保贷款。

（三）相关措施建议

（1）高度重视。从战略层面高度重视战略性新兴产业的自主创新，以增强国家竞争力为核心目标。一定要提高政策制定部门的意识，

绝对不能因为国际压力而损害我国的自主创新能力建设。

（2）密切跟踪。国家有关部门应组织相关力量进行密切跟踪：第一，要跟踪产业创新和国际竞争动态；第二，要跟踪各国政府的具体政策措施，进行系统分析和学习；第三，要跟踪我国各个政策部门在产业创新政策制定方面的发展动态。

（3）加强防范。我国应将战略性新兴产业的政策制定作为国家经济发展方式转变和自主创新体系建设中的一个核心环节通盘考虑。在政策制定上更加国际化，减少美国等西方国家挑衅的借口。

（4）积极应对。我国有关部门要立足长远，协同各个部门，综合应对国际方面的挑战和限制，大力发展事关国家安全和国计民生的核心关键产业。针对我国已有一定能力的产业，充分尊重和利用国际规则，减少外方攻击我国的口实。但是对我国技术上明显有差距的战略核心产业，一方面，要按照国际规则在政策上调整和创新；另一方面，要积极周旋为产业发展争取时间，尽快增强产业的核心自主创新能力，提升整体产业竞争水平。

（5）提升自主创新能力。面对美国不断发起的贸易战争，我们一方面要加强自主创新能力，以企业为核心，形成产、学、研协同创新模式，提升我国自主创新能力，减少对国外新兴技术专利、产品的进口依赖；另一方面要加强自主知识产权保护，保护本国新兴技术的专利产权。重点加强基础研究领域的国际合作，提高基础研究水平，增强原始创新能力。加强与发展中国家的科技合作，加大对发展中国家的技术转移和培训。要根据不同目标，分领域、分步骤、有重点地推进科技计划对外开放，有效利用全球科技和人才资源。一是要加强国家间和国际组织的科技合作，支持国内企业与境外产、学、研合作项目，特别是要加强在基础研究等方面的国际合作，共同探索人类未知领域，以应对环境、气候变化等全球性挑战。继续加大财政对国际科技合作计划的投入力度。二是吸引在华的外资企业和研究机构参与国家科技计划项目，发挥跨国企业和研发机构的技术溢出效应，提高原始创新能力。

参 考 文 献

[1]马化腾，孟昭莉，闫德利，等. 数字经济：中国创新增长新动能[M]. 北京：中信出版社，2017：185-222.

[2]二十国集团数字经济发展与合作倡议[EB/OL]. [2016-09-20]. http://www.g20chn.org/hywj/dncgwj/201609/t20160920_3474.html.

[3]邬贺铨. 发展数字经济推进数字转型[EB/OL]. [2016-09-30]. http://china.chinadaily.com.cn/2016-09/30/content_26945911.htm.

[4]李国杰. 人民日报经济形势理性看：数字经济引领创新发展[EB/OL]. [2016-12-16]. http://opinion.people.com.cn/n1/2016/1216/c1003-28953441.html.

[5]第四届世界互联网大会.《"一带一路"数字经济国际合作倡议》发布[EB/OL]. [2017-12-05]. http://www.wicwuzhen.cn/web17/achievements/201712/t20171205_5937510.shtml.

[6]习近平致第四届世界互联网大会的贺信[EB/OL]. [2017-12-03]. http://www.xinhuanet.com/politics/2017-12/03/c_1122050306.htm.

[7]授权发布：推动共建丝绸之路经济带和 21 世纪海上丝绸之路的愿景与行动 [EB/OL]. [2015-03-28]. http://world.people.com.cn/n/2015/0328/c1002-26764633.html.

[8]刘华，周慧敏，刘红霞. 习近平出席博鳌亚洲论坛 2018 年年会开幕式并发表主旨演讲[EB/OL]. [2018-04-10]. https://www.yidaiyilu.gov.cn/xwzx/xgcdt/52400.htm.

[9]国家信息中心"一带一路"大数据中心，大连东北亚大数据中心，一带一路大数据技术有限公司，等."一带一路"贸易合作大数据报告 2017（简版）[EB/OL]. [2017-03-31]. https://www.yidaiyilu.gov.cn/wcm.files/upload/CMSydylgw/201703/201703311012016.pdf.

[10]"一带一路"国际合作高峰论坛圆桌峰会联合公报 [EB/OL]. [2017-05-15]. http://www.beltandroadforum.org/n100/2017/0514/c24-414.html.

[11]李克强，戴一凡. 智能网联汽车的现状与未来[N]. 学习时报，2017-04-24（003）.

[12]多吉，王贵玲，郑克棪. 中国地热资源开发利用战略研究[M]. 北京：

科学出版社，2017.

[13]肖成伟，汪继强. 电动汽车动力电池产业的发展[J]. 科技导报，2016，34（6）：74-83.

[14]李建秋，方川，徐梁飞. 燃料电池汽车研究现状及发展[J]. 汽车安全与节能学报，2014，5（1）：17-29.

[15]王祖纲. 汽车可以承受之氢——氢燃料电池汽车逐步走向市场[EB/OL]. [2017-07-03]. http://center.cnpc.com.cn/sysb/system/2017/06/28/001651738.shtml.

[16]浦洋. 论我国新能源汽车的现状及发展战略[D]. 外交学院硕士学位论文，2015.

[17]International Energy Agency. Technology Roadmap-Concentrating Solar Power[EB/OL]. [2010-05-11]. https://webstore.iea.org/technology-roadmap-concentrating-solar-power.

[18]美国对华光伏双反 60 家企业终裁税率征收明细（图）[EB/OL]. [2012-10-22]. http://guangfu.bjx.com.cn/news/20121012/393907.shtml.

第二章 我国"十二五"战略性新兴产业发展经验及存在的问题

一、我国"十二五"战略性新兴产业成功经验

"十二五"期间,在《国务院关于加快培育和发展战略性新兴产业的决定》(国发〔2010〕32号)、《国务院关于印发"十二五"国家战略性新兴产业发展规划的通知》(国发〔2012〕28号)等一系列国家政策的指导下,我国战略性新兴产业蓬勃发展,关键技术取得集群性突破,区域集聚态势也初步呈现,政策环境不断完善,市场逐步成熟,逐渐成为调结构、转方式、惠民生的重要力量,对经济社会全局和长远发展产生了重大的引领带动作用[1, 2]。

(一)重视顶层设计和战略部署,发挥规划及政策引领作用

"十二五"期间,国家发展和改革委员会(以下简称国家发改委)、财政部、科学技术部、工业和信息化部(以下简称工信部)、国务院国有资产监督管理委员会等中央部委及地方政府发布了细分领域专题规划、产业发展指导意见、重点产品和服务目录、产业分类指导、产业

结构调整和重大工程实施方案等宏观指导政策，以及服务战略性新兴产业发展的金融、财税等相关政策[3]。"十二五"期间，国务院及各部委出台的政策达550多项，30多个省级政府及计划单列市、省辖市也发布了培育与发展战略性新兴产业的政策，为战略性新兴产业的发展提供政策保障。其中，国务院作为综合指导部门，出台的战略性新兴产业发展的总体规划、指导意见、行动计划等政策达60多项；国家发改委、财政部作为综合管理部门，出台的战略性新兴产业的实施意见、管理办法、专项规划等政策达160多项；工信部、科学技术部、环境保护部（以下简称环保部）、国家卫生和计划生育委员会等产业部门出台的相关领域的通知公告、实施方案、行业条例、专项行动等政策达400多项。从各领域来看，节能环保产业出台政策最多，达到184项。新能源、新一代信息技术、生物医药三个产业政策数量为60~80项。高端装备、新材料、新能源汽车技术三个产业政策数量为30~40项。从各类政策工具在政策工具总量中所占的比例来看，环境型政策工具占比为60%，供给型政策工具占比为23%，需求型政策工具占比为17%，说明"十二五"期间中央政府主要运用环境型政策工具促进战略性新兴产业在我国的发展。

为进一步加强统筹协调，形成工作合力，促进我国战略性新兴产业快速、健康、持续发展，国务院批准建立战略性新兴产业发展部际联席会议制度。该联席会议的主要职能是在国务院的领导下，按照要求，加强对培育和发展战略性新兴产业工作的宏观指导，监督相关重大政策措施的落实，研究协调产业发展中的重大问题，审议年度重点工作任务和年度工作总结。

（二）提升创新能力，加强突破重点领域关键技术

"十二五"期间，国家及各地区强调加快完善产业创新体系，部署了一批基础理论和前沿技术开发重大项目，制订了自主创新能力建设规划，加快科技研发与成果转化速度，注重提升技术创新能力和突

破核心技术，重视制定产业技术标准，加大知识产权保护力度，各领域关键技术取得了群体性突破。围绕关键核心技术的研发新建了一批国家重大科技基础设施和创新平台、技术服务和交易平台，加强战略性新兴产业人才的培养和引进，尤其是部分地方着重引进领军型创新创业团队，打造人才高地。通过制定《关于鼓励和引导民营企业发展战略性新兴产业的实施意见》，加强民营企业在技术研发和产业发展过程中的主体地位[4]。

"十二五"期间，战略性新兴产业创新技术成果不断涌现。新一代信息技术产业不断抢占技术制高点，在移动通信标准制定领域保持了世界领先地位，自主开发的核心信息安全芯片已实现技术突破，天河、神威系列超级计算机运算能力在世界名列前茅。ARJ21-700 飞机完成了全部研发试飞工作，C919 大型客机首架机正式下线，海洋石油981 深水半潜式钻井平台创造了世界半潜式平台之最。建立了先进的基因组测序平台，基因测序能力已进入世界前列，国家一类新药海姆泊芬和注射用海姆泊芬研发成功，我国研发的全球首个戊型肝炎疫苗益可宁获准上市，全球首个小分子治疗类风湿性关节炎药物艾得辛实现上市。轨道交通装备国产化率超过 80%，高速铁路技术和产品已达世界领先水平。我国特高压标准电压已成为国际标准。

300 毫米硅材料可满足 65/45 纳米技术节点的集成电路要求，且已成功研制 450 毫米硅单晶。在人工晶体材料领域，经过多年的发展，偏硼酸钡晶体（barium metaborate，BBO）和三硼酸锂晶体（lithium borate，LBO）等紫外非线性光学晶体研究居国际领先水平并实现了商品化；氟代硼铍酸钾晶体（KBBF）是国际上唯一可实用的深紫外非线性光学晶体，并在我国首先成功制备先进的科学仪器；Nd：YAG（掺钕钇铝石榴石）、Nd：GGG（掺钕钆镓石榴石）和 Nd：YVO4（掺钕钒酸钇）等激光晶体主要技术指标达到国际先进水平，实现了千瓦级全固态激光输出。T300 级碳纤维进一步实现了稳定生产，单线产能提高到 1200 吨，T700 和 T800 级碳纤维关键技术得到突破，实现了批量供货能力,已开始应用于航空航天装备。研制出强度大于 800 兆帕的快速凝固喷射沉积铝合金和新一代高强、高韧、高淬透性铝合金,综合性能达到国际先进水平。

为推动节能环保科技成果转化,通过产学研合作平台建设,创新发展模式,例如,哈宜模式是中国宜兴环保科技工业园与哈尔滨工业大学产学研合作的重大成果,是立足哈尔滨工业大学雄厚的环保科研实力,以一品、一所、一公司的专门合作业态,推动研发产业化的一种运作机制,已成为节能环保产业探索产学研合作的示范案例。节能环保创新能力的提高和技术成果的转化不断加快,技术水平大幅提升,主导技术和产品基本可以满足市场的需要,重点节能环保技术领域取得一定的突破,多个领域的基础研究和应用已经接近或达到国际先进水平。节能产业方面,节能先进适用技术装备得到大幅推广,工业节能和建筑节能技术创新及示范取得积极进展;高效节能家电、节能建材等节能产品的推广效果明显,市场占有率大幅提高。环保产业方面,常规污水处理技术、电除尘技术、袋式除尘技术等达到国际先进水平,膜分离技术与产品取得一定突破,并在规模较小的污水处理厂得到广泛应用,脱硫设备基本实现国产化,脱硝技术和催化剂等取得积极进展;同时,对常温解吸技术、热脱附技术、原位注入修复技术等多项土壤修复技术有了不同程度的掌握。资源利用方面,产业固体废弃物综合利用先进适用技术得到推广应用,高压立磨等部分大型成套设备制造实现国产化,并达到国际先进水平。

（三）推进产业集聚,不断壮大产业形成规模优势

国家发改委与财政部于 2012 年联合下发了《国家发展改革委 财政部关于推进区域战略性新兴产业集聚发展试点工作的指导意见（试行）》,率先在广东、江苏、安徽、湖北、深圳等四省一市开展战略性新兴产业区域集聚试点工作,进一步完善了战略性新兴产业区域集聚评价指标体系,组织实施了 2014 年战略性新兴产业区域集聚试点工

作,切实推动部分区域率先实现重点领域突破。

"十二五"期间,在 GDP 增速、工业增加值、固定资产投资增速等主要经济指标均出现回落的背景下,战略性新兴产业实现快速增长,新一代信息技术、生物、节能环保、新能源、新材料、高端装备和新能源汽车等战略性新兴产业七大行业总体增速约是 GDP 增速的两倍,为稳定增长提供了重要支撑。2015 年,27 个重点行业规模以上企业收入达 16.9 万亿元,占工业总体收入的比重达 15.3%,较 2010 年提升 3.4 个百分点,2010~2015 年,重点行业规模以上企业收入年均增长 18%[5]。作为战略性新兴产业先导产业的新材料产业,据不完全统计,2016 年总产值已达 2.5 万亿元,其中,稀土功能材料、储能材料、复合材料、光伏材料等产能居世界前列。2017 年战略性新兴产业工业部分增加值同比增长 11%,高于规模以上工业 4.4 个百分点,引领作用进一步凸显[6]。

2015 年我国电子信息产业全年销售总规模达到 15.4 万亿元,同比增长 10.4%,比"十一五"末的 7.8 万亿元增长近一倍,与全国工业发展速度相比,我国规模以上电子信息制造业增加值增幅为 10.5%,高出同期工业平均水平 4.4 个百分点,收入和利润总额分别增长 7.6% 和 7.2%,高于同期工业平均水平 6.8 个百分点和 9.5 个百分点,占工业总体的比重分别达到 10.1 % 和 8.8 %。

"十二五"以来,节能环保产业规模得到快速提升,节能环保产业产值由 2010 年的 2 万亿元增长到 2015 年的 4.55 万亿元,年均增长率超过 15%,达到《"十二五"节能环保产业发展规划》设定的年均增长 15%的目标,成为"十二五"期间经济形势的亮点。节能环保产业的快速发展,反映了节能产业、环保产业、资源循环利用产业的迅速扩张。产业联盟与平台建设是产业实现规模和实力提升的重要发展途径,中国节能环保产业涌现出类型多样且综合性较强的联盟与平台,节能产业、环保产业、资源循环利用产业及低碳领域均形成了以服务业、装备制造业、产业技术创新或各细分领域为主题的各类联盟,环保部建立的环保技术国际智汇平台采用线上与线下结合的模式，收集了大量先进、经济、成熟的环保技术，有效促进了环保行业国内与国际的技术交流和供需对接。

"十二五"期间，我国风电新增装机容量连续五年领跑全球，累计新增装机容量达 9800 万千瓦，占同期全国新增电力装机总量的18%，在电源结构中的比重逐年提高。到 2016 年底，全国风电累计装机容量达到 1.69 亿千瓦，年发电量达 2410 亿千瓦时，占全国总发电量的 4%；全国风电年平均利用小时数为 1742 小时，同比增长 14 小时。风电已成为我国继煤电、水电之后的第三大电源。光伏发电累计装机容量从 2010 年的 86 万千瓦增长到 2015 年的 4318 万千瓦，2015年新增装机容量为 1513 万千瓦，累计装机容量和年度新增装机容量均居全球首位。我国光伏制造规模复合增长率超过 33%，年产值达到3000 亿元，创造就业岗位近 170 万个，光伏产业表现出强大的发展新动能。2015 年多晶硅产量为 16.5 万吨，占全球市场份额的 48%；光伏组件产量为 4600 万千瓦，占全球市场份额的 70%[7]。

（四）加大市场需求培育，积极推动重大示范工程建设

深入推动重大示范工程建设，加大市场需求培育。在国家先后启动云计算、物联网、新型显示、稀土新材料、基因工程药物、智能制造、生物育种、节能与新能源汽车创新工程等战略性新兴产业创新发展工程的基础上，各地大力推进以提升企业创新能力、促进产业集群规模化发展为目的的标志性工程建设，集中资源培育产业示范基地。广东以组织实施战略性新兴产业 100 强项目为抓手，建设了首批 23 个战略性新兴产业基地；浙江按照规划组织实施"百项工程"建设，计划每年推进 100 项左右的重点项目建设；安徽在落实各地市首位产业定位的基础上，实施"千百十工程"；湖北依托丰

富的教育和科研资源，建设了光谷生物城，通过一系列优惠政策和良好的创业环境从海内外名校大力引进具有雄厚知识背景的专家入园创业。通过实施需求侧激励措施引导市场消费。加快相关体制机制调整，培育统一开放的战略性新兴产业市场。

经过"十城千辆"等示范工程及相关政策的支持，2016年我国新能源汽车产量达51.7万辆，居世界第一位，预计2020年我国新能源汽车的市场保有量将达到500万辆，2030年有望达到1500万辆。

国家电网有限公司2009年建成代表世界最高水平的1000千伏特高压交流试验示范工程；截至2016年8月，国家电网有限公司已建成"四交四直"特高压工程，"三交六直"工程在建，并中标巴西美丽山水电站±800千伏特高压直流工程；2014年世界首个五端柔性直流——浙江舟山科技示范工程建成投运并稳定运行，福建厦门柔性直流示范工程按期开工并有序推进；铅酸蓄电池、锂离子电池、液流电池、压缩空气等储能技术进一步发展，在张北风光储输示范工程、格尔木光储并网电站、深圳宝清电池储能电站、福建莆田湄洲岛储能电站等一大批示范工程中得到应用，并正逐步开始商业推广。在可再生能源与储能的大规模综合应用方面，2014年国家风光储输示范工程（二期）顺利投运。国家风光储输示范工程（一期）共建设风电98.5兆瓦、光伏发电40兆瓦、储能装置20兆瓦，在此基础上，扩建工程（二期）继续延展范围、扩大增容，建设风电400兆瓦、光伏发电60兆瓦、储能装置50兆瓦。

经过"十二五"期间的大力发展，我国的智能电网和储能产业在核心技术、装备和示范应用方面取得了重要进展，在多个技术领域实现了中国创造，一些技术已经从跟跑者成功转变为并行者，有些正在实现从并行者到领跑者的跨越。在引进、消化、吸收 AP 1000核电站技术基础上，自主研发的三代核电 CAP 1400 示范工程也具备开工条件。在快堆、高温气冷堆、超临界水堆、熔盐堆等四代核电技术方面全面开展研究工作，其中钠冷实验快堆已经实现并网发电，目前处于技术储备和前期工业示范阶段，高温气冷堆正在建造示范工程。为了加快我国自主知识产权三代核电技术的发展和推动核电"走出去"工作，国务院于 2015 年先后核准了福建福清核电站 5、6 号机组及广西防城港核电站 3、4 号机组作为"华龙一号"示范项目开工建设。"华龙一号"出口巴基斯坦的 2 号机组也于 2015 年 8 月开工建设。

2016 年 9 月国家能源局发布了《国家能源局关于建设太阳能热发电示范项目的通知》，并公布了第一批太阳能热发电示范项目共 20 个，国家发改委发布了光热示范项目电价，每千瓦时标杆电价为 1.15 元。在"十二五"期间，我国不仅重点支持了生物质发电、燃气制备和成型燃料等技术的开发与产业化应用，而且重点布局了文冠果、甜高粱等能源植物育种示范，微藻育种，生物柴油，二代燃料乙醇，气化合成油，化学催化合成油等一系列高新技术的研发，建立了相应的试验示范基地，取得了重大的阶段性进展，为"十三五"进一步发展奠定了坚实基础。

节能环保产业不断扩展融资渠道，整合资本，加大市场需求培育。通过整合和并购实现资本整合，从 2012 年开始，环保行业的整合并购趋势明显，资金规模已由 12 亿元急增到 2015 年的 600 亿元，推动产业的巨大发展和龙头企业的出现。非节能环保企业的跨界收购也大量涌现，占总资金规模的 25%。绿色低碳政府和社会资本合作（public private partnership，PPP）项目成为热点，截至 2017 年 6 月末，全国政府和社会资本合作入库项目达 13 554 个，总投资 16.4 万亿元，已落地绿色低碳项目达 1176 个，投资额为 13 555 亿元，分别占全国落地项目的 58.2%、41.1%。各项节能环保政策都重视重大示范工程的建设，《"十二五"节能环保产业发展规划》设置了八大重点工程，覆盖了节能产业、环保产业及资源循环利用产业等；同时，各项具体领域政策也加大了重点工程的建设力度，如《节能减排"十二五"规划》《工业绿色发展规划（2016-2020 年）》《再生资源回收体系建设中长期规划（2015-2020 年）》《大宗固体废物综合利用实施方案》等，为扩大市场需求、推动产业发展提供了助力。

（五）推进战略性新兴产业的国际化，培育国际市场

"十二五"期间，我国战略性新兴产业发展积极实施"引进来"和"走出去"战略，利用国内、外两个市场和两种资源，加快全球化布局，国际化水平显著提升。在《关于促进战略性新兴产业国际化发展的指导意见》和《关于鼓励和引导民营企业积极开展境外投资的实施意见》等政策的指引下，我国战略性新兴产业对外投资和科技合作不断加强，国际化进程进一步加速，重点产品出口实现新突破，轨道交通装备实现亚洲、欧洲、北美洲、南美洲、大洋洲五大洲的全球覆盖，中国南车（于 2015 年与中国北车合并为中国中车）获印度新孟买地铁订单、江淮汽车百辆纯电动汽车出口美国、比亚迪电动客车 K9 出口日本等。以新能源、新能源汽车和高端制造为代表的企业依靠技术研发与生产管理等优势，加快推动跨境生产。积极引导战略性新兴产业开展国内、外联合研发，推动大型企业开展国际研究与创新合作，在新材料领域，有超过 70 个企业与欧美等发达国家和地区及发展中国家和地区开展合作；技术研发国际化水平不断提升，在专利申请、境外商标注册及参与国际标准制定方面均取得了明显成绩。2015 年，中国《专利合作条约》（*Patent Cooperation Treaty*，*PCT*）专利申请数量为 29 846 件，占全世界总量的比例达到 13.7%，位居世界第三。技术输出能力不断提升，北斗导航的国际应用、核能技术领域的国际合作不断取得突破。

围绕"一带一路"倡议，积极推动"华龙一号"走出去，国际市场开拓成效显著。目前，巴基斯坦第 3 台核电机组和阿根廷的 1 台核电机组已基本具备商务合同签署条件，英国 2 台核电机组正在开展现

场工作和通用设计评审。此外，捷克2台核电机组正处于投标阶段，巴西、埃及项目已进入实质性谈判阶段，肯尼亚和泰国都已签署核电项目合作协议。"华龙一号"核电技术已经得到国际市场的广泛认可，成为与美国、法国、俄罗斯等核电强国在国际市场上同台竞技的一张亮丽的国家名片。

高性能钢材料、轻合金材料、工程塑料等产品结构不断优化，有力地支撑和促进了高速铁路、载人航天、海洋工程、能源装备、探月工程、超高压电力输送、深海油气开发等国家重大工程建设的顺利实施，以及轨道交通、海洋工程装备等产业的"走出去"。

节能环保产业积极实施"走出去"战略，培育国际市场。面对节能环保市场的全球化发展和国内环保基础设施建设市场趋于饱和的态势，越来越多的节能环保企业随之调整发展战略，将目光投向国际市场。环保产业及资源循环利用产业出口合同额迅速提高，由2000年的14.1亿美元增至2011年的333.8亿美元，扩大了将近23倍。2011年，商务部、环保部等部门提出实施战略性新兴行业企业"走出去"战略，2014年国务院《政府工作报告》提出，"开创高水平对外开放新局面""统筹多双边和区域开放合作。推动服务贸易协定、政府采购协定、信息技术协定等谈判，加快环保、电子商务等新议题谈判"[8]。国家战略定位为中国节能环保产业"走出去"提供了政策支撑。同时，中材节能股份有限公司、桑德环境资源股份有限公司（2015年更名为启迪桑德环境资源股份有限公司）、北控水务集团、福建龙净环保股份有限公司等骨干节能环保企业，已获得多个海外项目订单，开拓了多个国家市场，积累了丰富的建设运营经验。

二、"十二五"战略性新兴产业投融资分析

"十二五"期间，战略性新兴产业增加值保持持续较快增长，2015

年,其增加值据测算达 5.41 万亿元(图 2-1),占 GDP 的比重约为 8.0%。 2010~2015 年,战略性新兴产业增加值年均增速达到 27.7%,是同期 GDP 增速的 3 倍多。

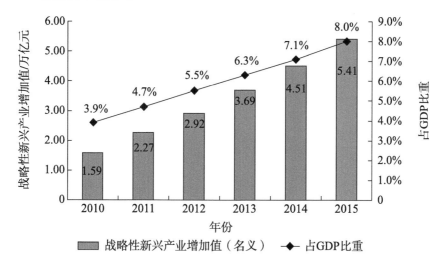

图 2-1 2010~2015 年战略性新兴产业增加值及其占 GDP 比重

(一)"十二五"战略性新兴产业投资完成情况

2005~2015 年,我国战略性新兴产业固定资产投资总量保持持续上涨趋势。据测算 2015 年战略性新兴产业固定资产投资总额达41 413.7 亿元(图 2-2),约 7 倍于 2005 年的水平,约占全社会固定资产投资总额的 7.4%。"十二五"期间,虽然受到全球金融危机及国内经济结构调整的负面影响,但在大量利好政策带动下,我国战略性新兴产业固定资产投资快速增长,战略性新兴产业固定资产投资总额达到 15 万亿元,年均增速高达 20.3%,高于同期全社会固定资产投资年均增速 2.9 个百分点,表明新常态下,战略性新兴产业已成投资热点领域。

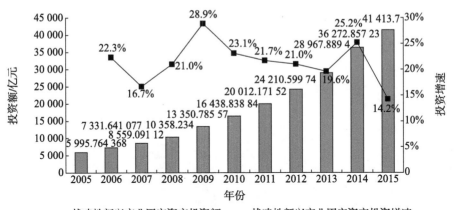

图 2-2　2005~2015 年战略性新兴产业固定资产投资额及增速

1. 新一代信息技术产业投资回顾

"十一五"和"十二五"期间，新一代信息技术投资保持较快增长态势，据测算 2015 年投资额达到 14 192.760 42 亿元（图 2-3）。其中，"十一五"期间，新一代信息技术产业投资额年均增速达到了 18.1%，"十二五"期间，年均增速小幅下滑至 16.6%。从投资构成来看，电子信息制造业投资占到了绝对主体地位，占比为 66.9%，其次是通信服务及软件和信息技术服务业投资，两者分别占到了 16.6% 和 13.1%，最后是互联网及相关服务业投资，占比为 3.3%[①]。

2. 生物产业投资回顾

"十二五"期间，生物产业投资保持了快速增长态势，年均增速保持在 22.7%，据测算 2015 年生物产业投资额达到 10 578.782 8 亿元（图 2-4），其中生物制造投资占比达 69%，生物服务投资占比达 31%。生物制造投资中医药制造业投资占到了绝对主体地位，占比达 85.3%，其次是医疗器械及器械制造业投资和制药专用设备制造业投资，分别占到了 13.6% 和 1.1%。

---

① 本句中的数据因进行了约分，存在比例合计不等于 100% 的情况。

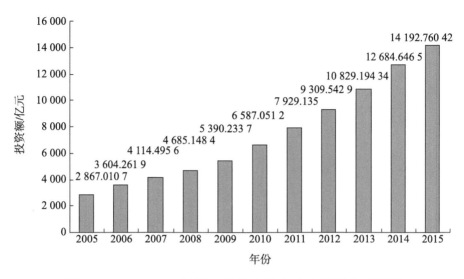

图 2-3 2005~2015 年新一代信息技术产业投资完成情况

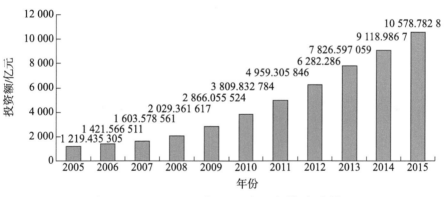

图 2-4 2005~2015 年生物产业投资完成情况

3. 高端装备与新材料产业投资回顾

"十一五"和"十二五"期间，高端装备与新材料产业投资实现快速增长。据测算 2015 年投资额达到 3517.572 185 亿元（图 2-5）。其中，"十一五"期间高端装备与新材料产业投资额年均增速达到了 42.2%，"十二五"期间年均增速达 24.5%。从投资构成来看，高端装备投资额占 60.3%，新材料投资额占 39.7%。

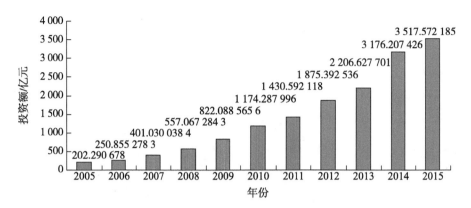

图 2-5　2005~2015 年高端装备与新材料产业投资完成情况

4. 绿色低碳产业投资回顾

"十一五"和"十二五"期间，绿色低碳产业投资快速增长，据测算 2015 年投资额超过 1.2 万亿元，达到了 12 186.563 62 亿元（图 2-6），十年间增长超过 5 倍，年均增速超过 22%。其中，"十一五"期间，绿色低碳产业投资额年均增速达到了 23.3%，"十二五"期间，年均增速约为 21.6%。鉴于缺乏新能源汽车行业投资数据的情况，这里分析的绿色低碳产业投资主要包括新能源产业与节能环保产业，其中新能源投资占比达 59%，节能环保产业占比为 41%。

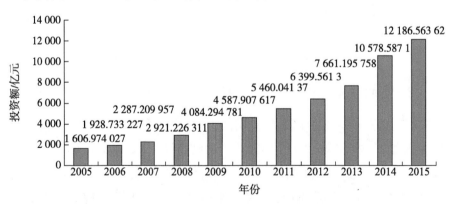

图 2-6　2005~2015 年绿色低碳产业投资完成情况

5. 数字创意产业投资回顾

数字创意产业投资体量虽然较小，但产业投资保持了快速增长态势，据测算 2015 年投资额为 938.036 303 9 亿元，约 9 倍于 2005 年的水平（图 2-7）。其中，"十一五"期间，该产业投资额年均增速达到了 22.8%，"十二五"期间，年均增速提升至 27.4%。数字创意产业投资中电影制作和发行占到了绝对主体地位，占比为 59.9%；专业化设计服务及电视制作与发行，分别占到了 17.7% 和 14.8%；广播、录音及数字内容服务等占比相对较小，三者合计占比不到 10%。

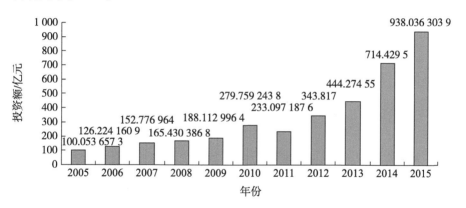

图 2-7　2005~2015 年数字创意产业投资完成情况

（二）战略性新兴产业资金供给平衡情况

"十二五"期间，战略性新兴产业投资资金主要来自国家预算内资金、国内贷款、利用外资、自筹资金及其他资金。其中，自筹资金和国内贷款是最主要的资金来源，两者合计年均占比超过 90%。自筹资金占比呈逐年上升态势，国内贷款占比呈逐年下降趋势。"十二五"期间战略性新兴产业具体资金供给情况如表 2-1 所示。

表 2-1 "十二五"期间战略性新兴产业资金供给情况

年份	自筹资金	国内贷款	国家预算内资金	利用外资	其他资金	总体
2011	10 335 亿元	7 349 亿元	704 亿元	808 亿元	816 亿元	20 012 亿元
2012	13 541 亿元	8 350 亿元	941 亿元	742 亿元	636 亿元	24 210 亿元
2013	17 130 亿元	9 423 亿元	1 045 亿元	642 亿元	728 亿元	28 968 亿元
2014	22 269 亿元	11 009 亿元	1 394 亿元	715 亿元	886 亿元	36 273 亿元
2015	26 249 亿元	11 999 亿元	1 585 亿元	750 亿元	831 亿元	41 414 亿元
合计	89 524 亿元	48 130 亿元	5 669 亿元	3 657 亿元	3 897 亿元	150 877 亿元
占比	59%	32%	4%	2%	3%	100%

（三）战略性新兴产业融资渠道多元化发展

随着战略性新兴产业的蓬勃发展，我国战略性新兴产业不断加强融资模式创新。"十二五"期间，除了传统的银行贷款等融资方式外，战略性新兴产业在债权、股权融资模式创新及政策性资金支持的设立和运用等方面都取得了较大进展，为战略性新兴产业打破融资瓶颈开辟了空间。

1. 债权融资

（1）无形资产抵押贷款。一些科技型、知识型、创意型中小企业有形资产少，可用于向银行融通资金的抵押品较少，且信用水平不够高，很难从银行取得贷款，融资瓶颈大大限制了这些企业的发展。针对这一问题，有关部门推出了无形资产抵押贷款的创新融资模式。当前，国内不少大城市都已开始进行中小企业知识产权质押贷款试点工作。

（2）科技型中小企业"三集"融资。"三集"（集合债券、集合票据、集合信托）融资方式是通过政府组织协调，将企业进行捆绑集合发行的债务融资方式。这种发行方式利用规模优势，合理分摊资信评级、发债担保、承销等费用，有效地规避了单个企业发债规模偏小、发行成本过高的弱点，使科技型中小企业发行债券成为可能，为解决中小企业融资难的问题提供了新的途径。成都市近年就曾通过"三集"融资方式加大了对科技型中小企业的支持力度。

（3）融资租赁。战略性新兴产业具有前期投入较大、投资回收期较长等特点，特别是新能源中的风电、水电、核电，以及半导体、新材料等重资产行业，前期大规模的投资使大量企业难以承受。而融资租赁模式能够使投资初期的资本支出大量减少，有效缓解战略性新兴产业企业所面临的资金困境。中芯国际集成电路制造有限公司（以下简称中芯国际）同武汉市合作兴建的一座12英寸晶圆代工厂为战略性新兴产业利用融资租赁模式开了先河，该项目由当地政府出资兴建生产线，然后由中芯国际全权管理，并有权在3~5年内按原价回购。这样既满足中芯国际扩大产能的战略目标，又可以将资本开支降至最低，对保证中芯国际的现金流很有帮助。

2. 股权融资

（1）产权交易。战略性新兴产业内企业大多数属于中小企业，融资难严重制约着行业的健康发展。随着我国产权交易市场的不断成熟，产权交易逐渐成为企业融资的一种重要渠道。经过多年的探索和发展，产权交易已经逐渐成为企业资产重组和资本进退的枢纽，以及增强资本与存量资产嫁接的平台。战略性新兴产业的高科技属性使行业内企业以中小企业为主，非公开权益性资本市场成为行业内企业融资的重要平台。

（2）风险投资。风险投资是由职业金融家向新兴的、迅速发展的、具有巨大竞争潜力的企业中投入权益资本，旨在促使高新技术成果尽快商品化、产业化，以取得高资本收益的过程，是利益共享、风险共担的一种投资方式。近年来，风险投资在我国发展十分迅速，在促进我国高新技术产业发展方面发挥了重要作用。

3. 政策性资金支持

（1）专项扶持资金。为支持战略性新兴产业发展，我国各级政府设立了种类繁多的基金、专项资金，有针对性地对各类企业发展提供专项资助和扶持。例如，各部委分别建立了扶持基金或专项资金支持战略性新兴产业发展，如国家发改委的高技术产业化专项、科学技术部的国家重点新产品计划、工信部的电子信息产业发展基金等；除各部委之外，地方政府对战略性新兴产业的财政投入规模也在持续扩大，如2012~2014年，浙江省财政厅从战略性新兴产业专项资金中统筹安排7.4亿元，支持107家重点企业研究院建设。

（2）创投基金。2009年10月，国家发改委、财政部联合启动实施了新兴产业创投计划，由中央财政资金与地方政府资金、社会资本共同发起设立新兴产业创业投资基金，通过设立创业投资企业或以股权投资模式直接投资创业企业等方式，引导社会资金支持初创期、早中期新兴产业企业的发展。截至"十二五"末，我国新兴产业创投计划已累计支持设立206家创业投资企业，资金总规模为557亿元，该投资基金对拓宽战略性新兴产业企业融资渠道发挥了重要作用。

（3）财政贴息。2012年3月19日，财政部印发修订的《基本建设贷款中央财政贴息资金管理办法》，对贴息的对象、申报、审查和下达等做出了明确规定，其中战略性新兴产业被新增为财政贴息的重点对象。该管理办法明确指出，对于战略性新兴产业集聚和自主创新能力强的国家级高新技术开发区、西部地区国家级高新技术开发区，给予重点贴息支持。例如，广东省在2011~2015年安排50亿元，通过贷款贴息方式扶持战略性新兴产业发展。

（四）战略性新兴产业投融资存在的问题

1. 科技型中小企业仍面临融资难困境

中国人民银行的统计数据显示，近年来，我国境内各类金融机构向小微企业发放贷款余额增速保持快速增长。但我国战略性新兴产业企业，尤其是处于萌芽期的科技型中小企业通过银行融资存在困难。银行在进行商业贷款时首先考虑的是资金安全和风险控制，需要对贷款企业的生产状况、发展前景、潜在风险、财务指标和经营管理等多方面情况进行调查评级。而科技型中小企业自身存在的企业前景不明朗、财务制度不完善、抵质押品不足、市场风险较大等多种因素使得通过商业银行融资较难实现。

2. 金融产品、融资模式仍有待继续创新

战略性新兴产业本身科技含量高、研发投入大，投融资方面具有高风险、高收益特征，均有别于传统行业。而目前我国的金融产品和政策主要仍以普适性的传统金融产品与信贷政策为主，难以满足战略性新兴产业发展融资需求，针对战略性新兴产业发展特点的金融产品创新仍有待加强。

3. 多层次风险分担机制仍有待建立和完善

战略性新兴产业是一个高成长性、高回报率同时又具有高风险的产业，其发展迫切需要通过构建多层次的风险分担机制和区别于传统产业的融资机制，为战略性新兴产业的兴起和快速壮大提供良好的金融支撑环境，从而实现新兴产业与金融资本之间的互动，推动产业规模的不断壮大和产业层次的不断提升。目前，我国战略性新兴产业融资担保体系、信用能力建设仍有较大改善空间。

三、我国战略性新兴产业发展存在的问题

（一）统筹协调和产业布局的优化还不够

"十二五"期间，在某些领域出现过度重复建设的问题，以光伏

为代表的部分战略性新兴产业出现产能相对过剩，我国风电装机容量已占世界首位，相对并网发电容量已经呈现产能过剩。

新一代信息技术产业涉及材料、能源、交通、信息等多个产业的交叉领域，各政府主管部门往往只围绕各自的领域来部署发展方向和支持重点，导致新一代信息技术产业发展缺乏顶层设计和整体布局，相关的政策和规划也未能从全产业链协同发展的层面进行统筹考虑，造成投入相对分散、规划协调性不强、交叉领域投入不足等问题。这些关键共性问题，已成为我国新一代信息技术产业追赶国际先进水平步伐的阻碍。除加大交叉领域的投入外，新一代信息技术产业发展所需的财税政策、人才政策、进出口贸易政策及相应的产业发展规划等保障机制也需进一步协调完善。

"十二五"以来，从国内各地区发布的新材料产业规划来看，相关产业的区域布局还没有立足于各地区自身条件和优势，也没有科学合理定位和实现差异化分工，存在着严重的趋同现象。一些产业已出现产业链上游的产品无法在下游使用的问题，呈现上游产能过剩、下游市场有效供应不足的现象。例如，在光伏电池产业领域，很多地方新的加工制造项目并未掌握关键技术，只是在一般加工制造过程发展得较快。目前，仍有投资商拟在若干过剩地区投资多晶硅，存在过热倾向。多晶硅技术要求高，需要优秀人才团队支撑；多晶硅生产要求洁净环境，且光伏产业出现发展阶段性过剩，投资风险大，需要严控低水平重复建设。这种盲目跟风式投入不仅会造成重复建设和产能过剩，还会影响到产业发展的可持续性。

节能环保产业在空间布局上呈现集聚发展态势，形成了京津冀、长江三角洲（以下简称长三角）、珠江三角洲（以下简称珠三角）、长株潭城市群（以下简称长株潭）等集聚发展区。但是，由于起步基本依经济发展程度展开，即经济发达程度较高的区域开展早、发展快，经济发达程度较低的区域起步晚、发展慢。从东到西，节能环保产业发展水平与区域经济发展水平呈现一致性，区域发展不平衡。在产业发展之初，根据发展能力和需要进行发展非常必要，但在经济已得到一定发展、环境污染形势严峻、环境已成为经济约束条件的"十二五"乃至以后，将需要根据环境形势和需求优化节能环保产业的布局，以便为保护环境提供强大支撑的同时，进一步带动经济的发展。

卫星发展统筹规划还不够完善，缺乏顶层决策管理的实化机构；军民协调不足，共享机制不完善，卫星与地面应用系统天地一体化衔接不紧密、不配套。

（二）技术创新能力与基础支撑亟待加强

尽管"十二五"期间战略性新兴产业在部分领域的技术得到了显著突破，但企业的整体科研实力特别是在基础研究领域长期滞后，核心技术掌握仍然不足，部分关键设备、高端产品依赖进口的现象仍旧存在。我国已建立了一定数量的共性研发机构和跨领域研发平台，但从整体上看仍处于探索阶段，不足之处主要体现在资源整合利用能力差、协同创新动力不足，资金投入有限、共性研发平台数量和范围有限，规划体系不完善、保障机制不足等方面，整体上尚未形成良好的共性技术创新发展环境。这就导致我国难以打破关键技术的创新发展瓶颈，核心技术受制于人的问题仍然严峻。

节能环保技术创新体系不完善，技术研发投入严重不足，缺乏自主知识产权的技术支撑。2015年，我国环保产业企业中仅有11%左右的企业有研发活动，有研发活动的环保企业研发资金占销售收入的比重约为3.33%，远低于欧美节能环保企业的研发投入（欧美节能环保企业的研发资金一般占销售收入的15%~20%）。技术研发没有形成创新驱动的发展模式，企业的整体科研实力特别是在基础研究领域长期滞后，一些核心技术尚未完全掌握，部分关键设备仍需要进口，部分已能自主生产的节能环保设备性能和效率有待提高。

在国家政策大力扶持下，北斗导航飞速发展，但仍面临核心技术缺失的问题，自主知识产权市场占有率低，中国卫星定位关键芯片市场95%被美国占领。我国卫星通信在多数零部件上已有突破，但性能指标和可靠性仍有待提高，缺乏高端产品。卫星遥感方面，我国已初步形成规模化的遥感对地观测体系，但尚未形成基于自主信息源的、较完整的遥感应用体系，在遥感方面仍有较多不足。目前，我国自主研发的卫星遥感数据很少，在时间和空间分辨率上都不能满足各行业的要求；获取适用、稳定的国产遥感数据存在困难。

在新能源汽车领域的锂离子动力电池、燃料电池、深度混合动力等核心技术方面，国外企业仍然引领着研发突破和产业化的步伐，我国整体还处于追赶期。

目前我国新材料领域没有形成大批具有自主知识产权的材料牌号与体系，通用基础原材料的国家及行业标准、统一的设计规范和材料工艺质量控制规范体系尚不完善，缺乏符合行业标准的新材料结构设计、制造、评价共享数据库，基础支撑体系缺位。如我国是世界锂离子电池生产大国，但所涉及的数千种材料一直处于分散状态，未形成相关数据库和检测标准体系，严重制约了高端锂离子电池产业的发展。另外，我国材料配套的装备工程化水平和制备能力不高，全面引进装备导致产品成本难以降低，产品性能及稳定性很难得到持续保证。

节能环保产业中的智能化、高效化等共性技术的发展，与发达国家相比依然存在差距，如余热余压利用的高效化等，环境治理设施运营中的节能化、循环经济发展中的二次污染等问题，还有待进一步解决。随着信息化的发展，节能环保产业的信息共享、平台的建设也有待提高，如资源回收利用涉及多部门，信息共享和平台建设尤为重要，但目前回收体系管理部门是商务部，利用系统部门为国家发改委，技术体系部门为工信部，污染控制部门为环保部，各职能部门管理交叉或者衔接不够，信息共享机制尚未建成，导致各方责任不清晰，监管执法难度大。

（三）人才培养不满足产业快速发展要求

战略性新兴产业作为技术高度密集、创新异常活跃的产业领域，人才和技术是其核心竞争力。我国在电子信息技术领域的教育起步相对较晚，新一代信息技术产业专业人才相对匮乏。以网络空间安全产业方向为例，网络空间安全产业的竞争不仅是技术和产品的竞争，更重要的是高素质网络空间安全人才的竞争，而我国在网络空间安全领域的人才结构不完善、规模不足，无法满足日益严峻的安全形势和网络空间安全产业发展的需求。我国机器人产业发展中，领军人才、技术研发人才、操作及维修人员等人才缺口已经开始显现。一方面，技术研发人才是机器人产业发展的领头羊和中坚力量，是以企业为主体自主创新的核心和根本，我国机器人产业要追赶并超越发达国家，急需大量创新型、复合型机器人高端国际化人才和技术研发人才。另一方面，工业机器人作为自动化、智能化设备，若操作及维护不当，将严重影响企业生产甚至造成恶性生产事故，以目前我国现有的劳动力结构来看，亟须加快人才培养以满足大批企业进行"机器换人"所带来的技术人员缺口。节能环保产业行业内的科技人员比重远低于其他行业，根据 2011 年统计的环保产业调查数据，我国环保产业从业人员约 319.5 万人，其中，高级技师、技师、高级工、中级工人员数量分别为 2.4 万人、6.3 万人、12.1 万人和 21.3 万人，从业人员获得职称方面，获得高级技术、中级技术、初级技术职称的人员数量分别为 6.8 万人、16.2 万人、24.2 万人。我国环保产业获得认可的技术及相关职称评定人员数量较少，总体人才结构层次偏低。节能环保产业从业人员的数量、结构无法满足产业快速发展的需求。

（四）政策机制产业发展环境需持续完善

"十二五"以来，我国陆续制定并出台了一系列法律法规和政策，极大地推动了战略性新兴产业的发展，但是随着市场化的加速和市场的逐步放开，相应配套的政策和机制还不健全。

在节能环保产业领域，节能环保法规和标准体系不健全，相关立法空白，机动车污染防治条例等法规迟迟尚未出台，相关细分领域的行业准入制度尚未建立。相关节能环保技术、产品标准缺失，重点用能产品能效标准、重点行业能耗限额标准和污染物排放标准等滞后。政府在信贷、税收、技术创新、市场培育等方面没有一套对节能环保产业有力的鼓励扶持政策，现有财政和税收政策零散、不系统，优惠范围和力度还远远不够，而且有些政策恰恰对环保产业起到了抑制作用，如2011年再生资源回收行业增值税优惠政策取消后，各省区市的增值税地方留成返还比例不一致，导致各地企业的实际税负不一样，企业不能公平竞争，影响产业健康有序发展；2015年新出台的《资源综合利用产品和劳务增值税优惠目录》增加了对再生资源类的税收优惠，但仅针对产品和劳务的利用，缺乏对回收环节的政策激励机制，回收行业依然存在财税政策支持弱、企业用地难、回收车辆进城难等问题。

我国卫星及应用领域相关法律法规尚不完善。在卫星通信方面，目前国内具备卫星通信资质的巨头企业只有中国卫通、中国电信、中国联通三家，但中国卫通只有空间段运营资质，中国联通缺乏空间段运营资质，牌照齐全的中国电信对卫星通信的定位主要是应急通信和新业务，属于边缘化产业，因此，固定的通信业务领域阻碍了卫星通信的进一步发展。我国在商业遥感卫星产业规范管理、卫星数据政策等方面尚存在一定的空白，影响了商业遥感卫星产业的发展，此外，卫星遥感应用标准的研制是一个制约着我国遥感发展的薄弱环节，我国已有的应用卫星存在标准、软件、平台接口不一致，难以集成的问题。北斗导航亦在标准法规、发展规划、市场准入等政策方面存在滞后现象。

参 考 文 献

[1]国务院. 国务院关于加快培育和发展战略性新兴产业的决定（国发〔2010〕32号）[EB/OL]. [2010-10-18]. http://www.gov.cn/zhengce/content/2010-0/18/content_1274.htm.

[2]国务院. 国务院关于印发"十二五"国家战略性新兴产业发展规划的通知（国发〔2012〕28号）[EB/OL]. [2012-07-20]. http://www.gov.cn/zhengce/content/2012-07/20/content_3623.htm.

[3]薛澜. 新时代下我国战略性新兴产业创新政策回顾与展望[R]. 2017战略性新兴产业培育与发展论坛. 2017.

[4]国家发改委. 关于鼓励和引导民营企业发展战略性新兴产业的实施意见[EB/OL]. [2011-08-16]. http://www.gov.cn/gzdt/att/att/site1/20110816/001e3741a2cc0fb3f93601.pdf.

[5]林念修. 新引擎启动："十二五"战略性新兴产业发展回顾[M]. 北京：中国计划出版社，2017：3.

[6]国家发改委高技术产业司. 2017年高技术领域发展成就之二：战略性新兴产业蓬勃发展 产业竞争力显著提升[EB/OL]. [2018-02-12]. http://gjss.ndrc.gov.cn/gjsgz/201802/t20180212_877386.html.

[7]国家能源局. 国家能源局关于印发《太阳能发展"十三五"规划》的通知（国能新能〔2016〕354号）[EB/OL]. [2016-12-08]. http://zfxxgk.nea.gov.cn/auto87/201612/t20161216_2358.htm.

[8]李克强. 政府工作报告[EB/OL]. [2019-01-07]. http://www.gov.cn/guowuyuan/2014-03/14/content_2638989.htm.

第三章　战略性新兴产业阶段性特征及面临的重大发展需求

　　党的十九大报告指出我国经济的发展步入了新常态，已由高速增长阶段转向高质量发展阶段，建设现代化经济体系是跨越关口的迫切要求和我国发展的战略目标[1]。习近平总书记参加十三届全国人大一次会议广东代表团审议时发表重要讲话，强调"建设现代化经济体系，事关我们能否引领世界科技革命和产业变革潮流、赢得国际竞争的主动，事关我们能否顺利实现'两个一百年'奋斗目标，要更加重视发展实体经济，把新一代信息技术、高端装备制造、绿色低碳、生物医药、数字经济、新材料、海洋经济等战略性新兴产业发展作为重中之重，构筑产业体系新支柱"[2]。《"十三五"国家战略性新兴产业发展规划》提出[3]，"十三五"战略性新兴产业发展要按照"五位一体"总体布局和"四个全面"的战略布局要求，积极适应把握引领经济发展新常态，牢固树立和贯彻落实创新、协调、绿色、开放、共享的发展理念，推进供给侧结构性改革，以创新、壮大、引领为核心，紧密结合"中国制造2025"战略实施，坚持走创新驱动发展道路，促进一批新兴领域发展壮大并成为支柱产业，持续引领产业中高端发展和经济社会高质量发展。

一、"十三五"期间国际新兴产业的特征

（一）技术交叉与产业融合不断加快

新兴产业是基于新一轮科技革命而产生和发展起来的。科技革命不是单项科技创新，也不是各类科技的单线突破，而是系列科学技术群的相互融合和密集性创新。随着科技革命的进一步深入，技术的交叉与融合将更为突出，这也进而影响到新兴产业在新阶段的发展特征。根据各领域重点前沿技术的整理，目前技术交叉与产业融合主要体现在生物、信息、材料、节能环保、高端装备制造、新能源等的技术交叉及相关产业的融合发展。

（二）信息网络技术在新兴产业发展中将持续保持突出地位

"十三五"期间，信息技术将进一步向泛在、融合、智能和绿色方向发展。新一代信息技术的涌现，将与其他科学技术交叉融合引发能源、互联网、智能制造、新能源汽车等前沿技术蓬勃发展，进一步催生新的产业变革。人工智能技术日益成熟，应用领域不断扩大，未来将引发经济社会的巨大变革。

（三）国际新兴产业竞争主要表现在核心技术和标准战略的竞争

新兴产业具有创新性、关联性、先导性、初步阶段性、不确定性等特征，"十三五"时期，国际上的新兴产业大多仍将处于初步发展阶段。这决定了国际上各国的新兴产业竞争还将主要体现在核心技术和标准战略的竞争。具体来说，主要体现在三个方面：一是国际层面加

强标准领域合作，二是国家层面推进行业标准建设，三是企业层面积极参与标准制定和认证。

二、"十三五"期间我国战略性新兴产业发展特征

（一）整体地位愈加突出

"十三五"期间，战略性新兴产业逐渐成为重要经济增长点，并将在未来很长一段时间内保持如此态势。战略性新兴产业的发展将对传统产业的升级改造发挥重要作用。信息技术、生物技术、新能源技术等交叉融合引起的新一轮的科技革命和产业变革，促进了重大技术装备产品的智能化、模式的绿色化、服务的网络化、业态的多元化，将利于《中国制造 2025》目标的实现。战略性新兴产业的发展还可以从需求层面拉动传统产业的转型升级，如新能源汽车的发展，需要有智能化、网络化的充电装备，而这将进一步拉动电力生产及销售的转型升级。

同时，战略性新兴产业发展吸纳了我国大量的剩余劳动力。战略性新兴产业在创造一大批新的经济增长点的同时，提供了大量新的就业岗位。战略性新兴产业的相关产品在"十三五"期间将影响人们的生产、生活方式。例如，信息网络平台不仅影响了人们的办公、社交及购物，甚至将影响人们的教育及医疗方式。

"十二五"时期，战略性新兴产业包含了节能环保、新一代信息技术等在内的七大产业，"十三五"时期，随着技术和产业不断发展，其产业内涵和边界逐渐调整，战略性新兴产业由原来的七大产业调整为五大类别，分别是新一代信息技术、高端制造、生物、绿色低碳、数字创意，把新能源汽车、新能源和节能环保纳入绿色低碳的类别当中，同时，增加了数字创意产业，数字技术与文化创意、设计服务深度融合，创意经济作为一种新的发展模式正在兴起。

"十二五"时期，战略性新兴产业迅速发展，2015 年，战略性新

兴产业增加值占 GDP 的比重已经达到 8%。在总体经济形势下滑的背景下，战略性新兴产业的发展已成为经济的主要增长点和重要支撑，已经成为经济增长的重要动力。2020 年，战略性新兴产业增加值占 GDP 的比重力争达到 15%，形成 5 个产值规模 10 万亿元级的新支柱，并在更广领域形成大批跨界融合的新增长点，平均每年带动新增就业 100 万人以上。可见，"十三五"期间，战略性新兴产业逐渐成为重要经济增长点，并在未来很长一段时间内保持如此态势。

（二）创新元素呈现多样化

产业集聚的作用逐渐凸显。在经济全球化的今天，产业集群是现代产业发展的一个重要特征和方向，在新兴产业经济和区域发展中占有重要地位。通过规划和建设新兴产业的工业园区，实现新兴产业在地理、资金、信息、技术、人力资本、管理经验等方面的空间集中并形成产业集群，已经成为世界很多国家和地区应对金融危机、实现经济转型和扶持新兴产业发展的普遍做法。

金融创新的地位越来越重要。金融创新是进一步深化经济体制改革的重要内容，更是新时期战略性新兴产业发展创新的重要因素。"十三五"期间，金融改革试点作用将会进一步凸显，区域金融创新将会不断产生，把区域金融改革创新和战略性新兴产业发展结合起来将具有重要的意义。

民营资本的主导性逐渐增强。民营企业作为极具创新精神的市场主体，在战略性新兴产业发展的初步阶段起着重要作用。"十三五"期间，民营资本在战略性新兴产业发展中将占有主导地位。

商业模式创新也越来越多样化。特别是以"互联网+"为基础，出现了很多的商业模式创新，如以滴滴打车为代表的共享经济的出现、节能环保领域的合同能源管理、新能源汽车领域的车电分离模式，体现了战略性新兴产业商业模式的创新也越来越多样化，促进了战略性新兴产业的发展。

技术商业化进程不断加快。随着目前对协同创新和科技成果管理的改革探索，技术商业化进程将在"十三五"期间得到进一步加快。首先，各地方政府积极推动产业协同创新，实施跨部门、跨行业、跨学科的协同创新，调动多方力量和资源，提升创新效率。其次，科技成果管理改革将在"十三五"期间得到全面部署和深化。这将促进技术商业化进程不断加快。

（三）产业的国际化将加快

"十二五"期间，部分战略性新兴产业的国际化已经凸显，战略性新兴产业重点企业不断扩展海外市场。这一趋势将在政府的推进下不断加强，深刻影响"十三五"期间我国战略性新兴产业的国际化步伐。在未来国际化进程中，部分企业会进一步通过海外并购等方式占领国际前沿技术制高点。

当然，由于国内战略性新兴产业企业的大量国际化扩张，难以避免部分同类企业在市场中的同质化竞争，甚至可能把国内的无序竞争带到国际市场上，这很可能是"十三五"期间我国战略性新兴产业国际化过程中需要重视的问题。

（四）政策创新是重要保障

战略性新兴产业的政策要求区别于传统产业的政策要求，特别是在政策监管方面提出了更高的要求。新兴产业的出现不仅颠覆了传统产业，而且对政府产业规制提出了挑战，既有监管内容上的挑战，也有制定节奏上的挑战，更有治理理念上的挑战。

经过"十二五"时期的培育与发展，战略性新兴产业在"十三五"期间的主要任务是创新、壮大和引领。宏观引导政策也发生了变化，主要表现在三个方面：一是宏观政策体系由速度型模式向规制型模式转变，进一步明确政府和市场分工，释放创新活力，建立完善的创新治理体系，为战略性新兴产业创造一个健康、协调的政策环境。二是更加注重创新环境，提出了构建创新体系，特别是构建公共创新体系和完善科技成果转化制度。三是更加重视知识产权保护。"十三五"期间，战略性新兴产业的知识产权保护工作将受到更高的重视，应该加大知识产权保护力度，更好地利用全球创新成果，加速科技成果向全国转移扩散。

因此，主要从以下三个方面进行政策创新。第一，推进管理方式创新。"十三五"期间，我国强调改进战略性新兴产业的创新治理体系，进一步明确政府和市场分工，针对颠覆性的产业创新，实现管理方式的创新：一是要推动产业规制的改革，二是要强化市场监管，三是要加强政策协调，减少政策执行碎片化所带来的发展障碍。第二，构建产业创新体系。一方面，要加强公共创新体系的建设，以重大项目和工程、技术创新联盟、共性技术平台、公共研发服务平台等方式推动战略性新兴产业的公共创新供给，完善产业创新体系建设；另一方面，要激发企业的创新动力，把握下一代具有竞争性的共性技术或使能技术，进行平台搭建。第三，创新政府支持方式。不能用发展传统制造业的支持模式（直接投资、扩充产能、技术拿来、低价竞争）来发展新兴产业，而是要更多地发挥金融等风险性投资对战略性新兴产业的支持作用，用政策性、开发性金融机构进行引导，用有限的政策性资金撬动广泛的社会投资参与，实现金融服务的多主体参与治理创新。要运用政府和社会资本合作方式鼓励社会资本参与重大项目建设，通过创业投资基金带动社会资本进行投资。

三、"十三五"期间战略性新兴产业面临的重大经济社会发展需求

党的十九大报告指出中国特色社会主义进入了新时代，这是我国

发展新的历史方位，我国社会主要矛盾已经转化为人民日益增长的美好生活需要和不平衡不充分的发展之间的矛盾。我国经济的发展步入了新常态，经济增长的动力从要素驱动转向创新驱动，我国经济已由高速增长阶段转向高质量发展阶段，正处在转变发展方式、优化经济结构、转换增长动力的攻关期，要紧扣我国社会主要矛盾变化，统筹推进经济建设、政治建设、文化建设、社会建设、生态文明建设，坚定实施科教兴国战略、人才强国战略、创新驱动发展战略、乡村振兴战略、区域协调发展战略、可持续发展战略、军民融合发展战略。建设现代化经济体系是跨越关口的迫切要求和我国发展的战略目标，加快建设创新型强国，深入推进供给侧结构性改革，推进战略性新兴产业高质量发展，促进传统产业转型升级，推进生态文明进程，推动军民融合产业发展，保障全面建成小康社会，让改革开放的成果惠及全体人民，不断提高人民的生活水平，需要进一步强化战略性新兴产业培育与发展，推动产业结构由中低端向中高端迈进。

（一）创新型强国建设要求把科技创新摆在新兴产业发展的核心位置

建设创新型国家是党中央、国务院做出的重大战略决策，到2020年我国将基本建成适应社会主义市场经济体制、符合科技发展规律的中国特色国家创新体系，进入创新型国家行列。党的十八大报告提出了创新驱动发展战略，"十三五"时期培育和发展战略性新兴产业要把科技创新摆在战略性新兴产业发展的核心位置，把增强自主创新能力作为调整产业结构、转变增长方式的中心环节，攻克一批关键核心技术，提高自主创新能力，加快向产业链高端迈进，推动我国产业转型升级，在新一轮产业革命中抢占制高点。

"十三五"时期是我国实施制造强国、网络强国、海洋强国、航天强国等强国战略的关键时期，新一代信息技术产业、高端装备制造产业亟待加速发展，未来 20 年大型民用飞机市场需求强劲，经济社会发展对空间基础设施建设及卫星应用产业发展提出了更高要求，我国在海洋开发装备的自主研发设计上仍面临着大量的技术问题和专利壁垒，需要"十三五"期间加快发展。高端数控机床及智能制造是制造业国际竞争力的交汇点，是中国制造由大变强的标志和关键，其技术综合性强，需要国家、企业、市场共同努力在"十三五"期间加速发展。

（二）供给侧结构性改革为战略性新兴产业的发展提供了新的机遇

十八大以来，我国提出了以新发展理念为指导、以推进供给侧结构性改革为主线的政策框架。供给侧结构性改革的最终目的是满足需求，主攻方向是提高供给质量，根本途径是深化改革。通过简政减税、放宽准入、鼓励创新，持续激发微观主体活力，减少无效供给，扩大有效供给，更好地适应和引导需求。同时，依靠创新推动新旧动能转换和结构优化升级。要坚持以改革开放为动力、以人力人才资源为支撑，加快创新发展，培育壮大新动能、改造提升传统动能，推动经济保持中高速增长、产业迈向中高端水平。

（三）建设现代化经济体系需要战略性新兴产业高质量发展

《"十三五"国家战略性新兴产业发展规划》指出，"十三五"时期，要把战略性新兴产业摆在经济社会发展更加突出的位置，大力构建现代产业新体系，推动经济社会持续健康发展，对战略性新兴产业的发展目标、重点领域、发展路径等都做了具体规划。

"十三五"期间，战略性新兴产业发展目标由"培育"向"壮大"深化，促进产业规模化发展和应用，产业增加值占 GDP 比重由"十二五"期间的 8%提高至 15%，形成 5 个产值规模 10 万亿元级的新支柱，并在更广领域形成大批跨界融合的新增长点，平均每年带动新增就业 100 万人以上。提升产业创新能力，更加注重产业结构优化和产业体系完善，持续引领产业中高端发展和经济社会高质量发展是"十三五"战略性新兴产业发展的核心，原有七大领域整合调整为五大板块、八大领域，中高端制造业、知识密集型服务业比重大幅提升，支撑产业迈向中高端水平，形成若干具有全球影响力的战略性新兴产业发展策源地和技术创新中心，打造百余个特色鲜明、创新能力强的新兴产业集群，形成区域增长新格局。到 2030 年，战略性新兴产业发展将成为推动我国经济持续健康发展的主导力量，我国将成为世界战略性新兴产业重要的制造中心和创新中心，形成一批具有全球影响力和主导地位的创新型领军企业。

《"十三五"国家战略性新兴产业发展规划》的出台，一是有利于加快落实供给侧结构性改革。二是有利于培育壮大新动能，培育壮大战略性新兴产业，推动经济发展新旧动能接续转换。三是有利于引导全社会资源支持发展新兴产业。明确了"十三五"时期发展壮大战略性新兴产业的重点方向和主要任务，统筹提出了投资规模巨大，需要广泛动员全社会资源组织实施的 21 项重大工程。不仅有利于引导社会资源更多投向以战略性新兴产业为代表的实体经济，也有利于进一步整合政府部门资源，创新扶持方式，加大扶持力度，形成工作合力，以引导全社会支持战略性新兴产业的发展。

（四）传统产业转型升级对战略性新兴产业提出了新的需求

传统产业的转型升级，要积极利用"互联网+"对传统产业进行改造。"互联网+"是利用信息通信技术及互联网平台，使互联网与传统行业深度融合，创造出新的发展生态，使传统产业转变成为战略性新兴产业。它已经改造和影响了多个行业，例如，"互联网+金融"促成了互联网金融的出现，"互联网+卖场"带来了电子商务业态。其中值得注意的是，"互联网+创新"使"大众创业、万众创新"成为可能，"互联网+工业"即传统制造业企业采用移动互联网、云计算、大数据、物联网等信息通信技术，改造原有产品及研发生产方式，使智能制造成为可能，成为中国制造的主要发展方向。《中国制造 2025》提出要以加快新一代信息技术与制造业的深度融合为主线，通过信息化的融合与渗透，对传统制造业产生重要影响，将智能制造作为主攻方向，推进制造过程智能化。

传统产业转型升级，不仅是我国调整经济结构的关键，也为战略性新兴产业的发展提供了重要的历史机遇。传统产业转型升级，主要有以下三个方面的任务：第一，促进工业绿色低碳发展，淘汰一批落后企业或者产业。第二，在一些传统产业领域，中国已经走在世界前沿，要继续引领全球技术发展。第三，促进信息化和传统产业的融合，用信息化改造和提升传统产业。

（五）生态文明建设为战略性新兴产业的发展提出了新的理念

生态文明在"十三五"期间的总体格局是：不少污染排放种类将因为经济结构的变化而出现强度的拐点；有些污染物的总量可能接近峰值。但即使如此，中国的污染总量仍然很大，需要通过努力，使峰值更早到来，使峰值的水平尽可能降低。习近平总书记指出，"培育壮大节能环保产业、清洁生产产业、清洁能源产业，推进资源全面节约和循环利用"[4]。为此，需要做到以下几点：一是发展资源节约和环境保护的产业与技术，二是走可持续的城市化道路，三是加快农业现代化进程，四是优化能源结构，五是推进生态文明制度建设。

（六）国家发展和安全要求构建军民融合的战略性新兴产业体系

党的十八大以来，以习近平同志为核心的党中央高度重视军民融合发展，2016年中共中央、国务院、中央军事委员会专门印发了《关于经济建设和国防建设融合发展的意见》[5]，把军民融合上升为国家战略，这是我们党长期探索经济建设和国防建设协调发展规律的重大成果，是从国家发展和安全全局出发做出的重大决策，是应对复杂安全威胁、赢得国家战略优势的重大举措。习近平总书记在党的十九大报告中提出："坚持富国和强军相统一，强化统一领导、顶层设计、改革创新和重大项目落实，深化国防科技工业改革，形成军民融合深度发展格局，构建一体化的国家战略体系和能力。"[1]

《"十三五"国家战略性新兴产业发展规划》突出强调了要构建军民融合的战略性新兴产业体系，加强军民融合重大项目建设两方面的工作：一是实现军工技术的产业化发展，构建军民融合体系；二是从重大项目出发，推进军民创新的深度融合。"十三五"期间，我国会以军民融合重大项目为抓手，促进军民技术的协同发展，开创经济建设和国防建设融合发展的新局面，从而实现安全与发展、强军与富国的统一发展。

参 考 文 献

[1]习近平. 决胜全面建成小康社会　夺取新时代中国特色社会主义伟大胜利——在中国共产党第十九次全国代表大会上的报告[EB/OL]. [2017-10-18]. http://www.gov.cn/zhuanti/2017-10/27/content_5234876.htm.

[2]习近平参加广东代表团审议时强调——发展是第一要务　人才是第一资源　创新是第一动力[EB/OL]. [2018-03-08]. http://www.xinhuanet.com//mrdx/2018-03/08/c_137023316.htm.

[3]国务院. 国务院关于印发"十三五"国家战略性新兴产业发展规划的通知（国发〔2016〕67号）[EB/OL]. [2016-12-19]. http://www.gov.cn/zhengce/content/2016-12/19/content_5150090.htm.

[4]习近平：坚决打好污染防治攻坚战　推动生态文明建设迈上新台阶 [EB/OL]. [2019-01-07]. http://www.xinhuanet.com/2018-05/19/c_1122857595.htm.

[5]中共中央　国务院　中央军委印发《关于经济建设和国防建设融合发展的意见》[EB/OL]. [2016-07-21]. http://www.xinhuanet.com/ttgg/2016-07/21/c_1119259282.htm.

第四章　重大行动计划主要目标任务

本书以推进《"十三五"国家战略性新兴产业发展规划》重点任务及重大工程真正地落地为主要目标，对该规划所提出的重大行动进行补充和完善，并提出落实重大行动的路径与政策。本章共提出 32项对行业有带动性、有高增长性，涉及国家产业安全性，以及对我国产业的国际竞争力提升有重要意义的重大行动计划，涉及的项目包括：基础性元器件、基础材料、基础工艺等仅靠市场和企业行为不足以尽快改变落后现状的项目，涉及国家产业安全和国防安全的项目，未来产业规模很大程度上需要在国际竞争中尽快抢占标准和专利制高点的项目，涉及政府承担的社会和民生服务的新兴产业项目，需要政府牵头组织产学研用合作攻关的项目，跨领域、跨学科的项目。

一、新一代信息技术产业重大行动计划

十九大报告中明确提出，推动互联网、大数据、人工智能和实体经济深度融合，在中高端消费、创新引领、绿色低碳、共享经济、现代供应链、人力资本服务等领域培育新增长点，形成新动能。《中华人

民共和国国民经济和社会发展第十三个五年规划纲要》在第二十三章"支持战略性新兴产业发展"中，将新一代信息技术产业创新列为第一位，其中提出培育集成电路产业体系，培育人工智能、智能硬件、新型显示、移动智能终端、第五代移动通信（5G）、先进传感器和可穿戴设备等成为新增长点。到2020年，力争在新一代信息技术产业薄弱环节实现系统性突破，总产值规模超过12万亿元。

"十三五"期间新一代信息技术的发展重点有以下几个方面。

（1）构建高速、移动、安全、泛在的新一代信息基础设施，推进信息网络技术广泛运用，形成万物互联、人机交互、天地一体的网络空间。

（2）把大数据作为基础性战略资源，全面实施促进大数据发展行动，加快推动数据资源共享、开放和开发应用，助力产业转型升级和社会治理创新。

（3）统筹网络安全和信息化发展，完善国家网络安全保障体系，强化重要信息系统和数据资源保护，提高网络治理能力，保障国家信息安全。

（4）培育人工智能产业生态，促进人工智能在经济社会重点领域推广应用，打造国际领先的技术体系。

（一）宽带乡村示范工程重大行动计划

网络基础设施建设是我国战略性新兴产业的坚实支撑，是各个战略性新兴产业发展的助推器。农村宽带建设作为农村信息化基础设施，是农村经济社会发展的重要基础，对提高农村信息化应用水平，促进农村经济社会全面发展具有重要的战略意义。我国已经实施了"宽带中国"战略。目前，城市宽带网络基础设施建设得到了较好的完善，但农村地区宽带网络设施条件较为落后，呈现出了较为明显的数字鸿沟。需要围绕"宽带中国"战略和"宽带乡村"工程的发展目标，按照"中央资金引导、地方协调支持、企业推进为主"的新思路，全面推进我国宽带网络基础设施建设，完善和升级已有宽带基础设施，增速与安全同进，力争在 2020 年实现宽带网络基本全覆盖。

（1）开展电信普惠服务试点工作。结合"宽带中国"战略提出的建设目标，对于全国没能接通宽带的乡村和接通宽带能力低于 12Mbps 的乡村加速完善宽带建设，超前布局，避免粗糙建设造成的资源浪费情况，政府部门应对电信企业发挥鼓励与监督并存的责任职能，首先营造公平的竞争环境，其次带动企业参与乡村宽带建设，最后监督项目建设落实情况。

（2）积极推进三网融合建设。"十三五"期间，加快光缆、卫星通信进行政村，三网融合建设，实现光纤入户网络和第四代移动通信（4G）网络向自然村和住户延伸覆盖，并积极建设低频 LTE（long term evolution，长期演进）网络，加快 5G 的研发工作，在基站等资源上加强共建、共享，充分运用新一代信息技术产业的突破创新对边远地区、山区和海岛等完成宽带网络的覆盖。以资金支持边远地区、山区和海岛基站建设和升级，统筹协调固定宽带接入和移动宽带接入并进。

（3）加快普及信息化应用。加快普及电子商务、远程教育、远程医疗、智慧农业、电子政务等信息化应用，在一定程度上共享城市教育和医疗资源，推动农村地区借助电子商务促进经济发展。政府部门尤其要带动民间资本进入"宽带乡村"的建设之中，为乡村建设提供资金与活力，做好监督工作。

（二）集成电路发展工程重大行动计划

"十二五"期间国务院发布了《国家集成电路产业发展推进纲要》《中国制造 2025》和国家重大科技专项等相关政策，北京、天津、湖北等省市也相继出台了集成电路产业发展相关的政策和规划，为我国集成电路产业发展营造了良好的政策保障环境。我国集成电路产业形成了以设计、芯片制造和封装测试为主体的细分产业结构，产业链逐渐完善，国产化步伐不断加快，但仍存在核心技术自主可控能力差、产业发展不均衡等问题，工艺水平仍落后于国际先进水平 1.5~2 代，以进口为主的格局始终未能改变。我国设计、制造、封装三大环节的产业结构尚不均衡，在设计和制造领域竞争力不强，获利能力较差。

（1）着力发展集成电路设计业，大力开发集成电路产品。到 2020 年，集成电路产业与国际先进水平的差距将逐步缩小，移动智能终端、网络通信、云计算、物联网、大数据等重点领域集成电路产品技术达到国际领先水平，通用处理器、存储器等核心产品要形成自主设计与生产能力，产业生态体系初步形成。

（2）加速发展集成电路制造业，增强先进和特色工艺能力。加快 45/40 纳米芯片产能扩充，加快 32/28 纳米芯片生产线建设，推动 22/20 纳米工艺研发，迅速形成规模化生产能力，探索 16/14 纳米工艺开发和芯片生产线建设。

（3）提升先进封装测试业发展水平，提高规模化生产能力。开发 QFN（quad flat no-lead package，方形扁平无引脚封装）、BGA（ball grid array，球阵列封装）、PGA（pin grid array，引脚阵列封装）等塑料封装，以及各类陶瓷封装、金属封装和新型射频（radio frequency，RF）封装、微机电系统（micro electro mechanical system，MEMS）封装、生物电子封装、系统级封装等产品，提高封装测试企业高端先进封装规模化生产能力。

（4）突破集成电路高端装备和材料的关键技术，增强产业配套能力。加强集成电路装备、材料与工艺结合，研发光刻机、刻蚀机、离子注入机等关键设备，开发光刻胶、大尺寸硅片等关键材料，加强集成电路制造企业和装备、材料企业的运作，加快产业化进程。

（5）建立国家级的集成电路制造技术研发中心。开展先导技术、共性技术研究，开展新材料、新技术、新器件研究。对于已经成立的、有一定技术基础的、产业化目标明确的国家级集成电路技术研发中心，要重点给予支持。支持高等院校、研究所从事基础性课题的研究工作。

（三）大数据发展工程重大行动计划

近年来，我国在数据存储、分析等相关技术和大数据的应用方面发展迅速，已形成了京津冀、珠三角、长三角和西南部大数据产业集聚区，已建立北京中关村、深圳、武汉光谷、贵阳等数十个大数据发展联盟，为大数据时代的发展打下了坚实的基础。但也存在数据开放与共享仍处于探索中、产业生态不完善、数据安全风险严峻、相关制度体系建设滞后、核心技术自主可控有待突破、基础设施建设有待优化等问题。因此，需要利用我国大数据发展的优势条件，推动大数据产业的发展，全面建设数据强国。

（1）构建全国一体化的国家大数据中心，推动数据的开放共享。从整体上推动数据融合、业务融合的建设进程，形成"全国一网、数据归心"的国家级、区域级、城市级、行业级大数据中心一体化建设运行模式。2020年建成全国一体化的国家大数据中心，初步形成开放、共享、有序流动的大数据健康、开放的发展环境。

（2）以保障安全可控为重点，以维护网络空间安全能力建设为目标，打造安全、有序的发展环境。加强大数据在公共安全、反恐维稳、军事安全等国家安全领域的示范和应用平台建设，设立国家信息安全专项，提供专项资金鼓励和支持数据安全关键技术的研发、实验和应用，形成关键基础设施核心技术的自主可控能力，完善大数据安全保障体系。

（3）统筹标准，完善制度，为大数据产业发展提供基本支撑。到2020年，逐步完善主要领域大数据标准的制定，同时积极参与国际标准的制定，在大数据发展上具备一定的国际话语权，形成相对完善的制度保障环境。

（4）加强大数据技术研发，营造创新发展环境。以技术研发、应用为核心，到2020年在数据采集、数据存储、数据分析、数据可视化等大数据各个技术环节，培育一批具备国际竞争力的技术型企业，引领我国大数据产业的创新发展。

（5）打造完善的大数据产业生态体系。以市场为驱动、服务为导向、技术为工具，推动大数据技术产品、应用模式、商业模式的融合、创新和发展，推动大数据技术与传统产业的融合发展，到2020年形成完备、健康的大数据产业发展环境，大数据产业规模突破万亿元。

（6）以辅助决策、优化服务为目标，推动国家治理体系和治理能力现代化，到2020年构筑完善、高效、合理的全国电子政务体系，形成全域覆盖、全网一体、全时在线、全维应用的便捷、高效、精准的国家大数据发展服务体系。

（四）人工智能发展工程重大行动计划

人工智能孕育着新一轮技术革命，是新时期我国经济社会发展的战略性科技领域，是壮大信息经济的重要抓手，是建设网络强国、推动产业转型升级的关键支撑。我国作为向科技强国进军的科技大国，在人工智能基础研发、人才培养、互联网应用方面有着独特优势，需要加快人工智能发展重大工程的推进，在促投资、稳增长、惠民生及发展新经济、培育新动能方面实施行动。

（1）加快人工智能基础理论研发，推动软硬件系统演进。提升人工智能系统的数据挖掘能力、感知能力并探索其局限性，推动系统革新，推动深度学习、大数据驱动的知识工程、大数据可视分析、大数据机器学习计算框架、类脑智能、群智计算、混合智能等基础理论和技术研究的演进升级，建立可解释、数据依赖灵活、泛化迁移能力强的机器学习理论体系，改进硬件体系架构，推动开发更强大和更可靠的智能机器人。

（2）加快人工智能基础设施平台建设。坚持应用牵引，全面建立数据驱动、知识指导相结合的计算新模式，形成从数据到知识、从知识到智能的能力。加快视频、地图及行业应用数据等人工智能海量训练资源库和基础资源服务公共平台建设，建设支撑大规模深度学习的新型计算集群。

（3）推进重点技术应用产业化建设。推进人机协作智能系统的开发与应用，利用人工智能造福民众。加快基于人工智能的计算机视听觉、生物特征识别、新型人机交互、智能决策控制等应用技术的研发和产业化。着力引导、扶持以知识为引擎，具有生物感知特性的仿脑样机、人机共驾系统、脑控机器人、复杂极端环境机器人、服务机器人等技术的应用，形成若干全球领先的人工智能骨干企业，基本形成人工智能技术标准、服务体系和产业生态链，形成千亿级的市场应用规模，总体技术、产业发展与国际同步。

（4）积极推进人工智能保障机制建设，构建良性发展环境。从伦理法律社会影响、安全与保障、标准与基准、数据集和环境、培养有能力的从业人员五个维度，构建人工智能良性研究与发展的优质外部环境。

二、高端装备与新材料产业重大行动计划

《"十三五"国家战略性新兴产业发展规划》提出力争到 2020 年，高端装备与新材料产业产值规模超过 12 万亿元，包括打造智能制造高端品牌、实现航空产业新突破、做大做强卫星及应用产业、强化轨道交通装备领先地位、增强海洋工程装备国际竞争力、提高新材料基础支撑能力等六个方面，重点领域智能工厂应用示范工程、新一代民用飞机创新工程、空间信息智能感知工程、海洋工程装备创新发展工程、新材料提质和协同应用工程五项工程。

（一）大型高性能金属构件增材制造重大行动计划

大型高性能金属构件增材制造代表着重大装备高性能、难加工的

大型关键金属构件先进制造技术的发展方向，是增材制造技术国际战略竞争的制高点。我国激光增材制造钛合金及超高强度钢大型整体关键构件在舰载机、大型运输机、C919 大型客机、四代机等 7 个型号飞机研制生产中得到实际应用，为解决制约重大装备研制的瓶颈难题发挥了不可替代的作用，但还存在增材制造工艺材料及结构应用范围非常有限、设备成熟度待加强、缺乏增材制造专用材料体系的问题。面向大型客机、大型运输机、高推重比/大涵道比航空发动机、重型燃气轮机、百万千瓦大型核电机组等国家重大装备制造业的战略需求，开展针对钛合金、合金钢、高温合金、高强铝、难熔高活性金属等高性能及难加工材料大型复杂关键构件的增材制造工艺、装备、材料和应用研究，将跨越提升我国的重大装备制造水平、核心竞争力和自主创新能力。

（1）增材制造工艺。面向钛合金、高强/超高强度钢及耐热钢/不锈钢、高强铝及铝锂合金、高温合金及金属间化合物、铼系难熔金属、钒-钽等高活性金属等高性能、难加工材料，持续开展增材制造新工艺、新方法及增材制造过程控制技术研究。

（2）增材制造装备。针对重大工业装备领域广泛应用的金属材料体系及其典型结构类型，开展工程化成套装备关键技术研究，开发出系列化大型金属构件激光增材制造工程化成套装备、高效复合增材制造、增材/减材一体化制造、现场增材/修复等新型增材制造装备。

（3）增材制造材料。开展大型金属构件增材制造专用高性能材料设计、制备研究和增材制造构件技术规范研究。以高性能为主线，深入开展增材制造过程高能束超常冶金行为、非平衡快速凝固行为及凝固组织晶粒形态与晶体取向主动控制技术等研究，建立适用于增材制造技术的专用高性能新材料设计制备技术，研究开发增材制造专用粉末等原材料制备工艺。

（4）增材制造应用。开展增材制造构件创新结构设计、零件验证考核技术、应用配套工艺（机械加工、热处理、表面强化等）技术、零件应用技术标准及规范、零件质量保障关键技术研究，带动增材制造技术上下游产业链的协同发展，并逐步形成技术创新—工程应用—产业推广融合互利的持续、紧密的协同发展机制。

（二）民用飞机服务支援体系重大行动计划

民用飞机产业是国家战略性新兴产业的重要组成部分，而民用飞机服务支援体系是连接制造商和客户的桥梁，是航空产业制造、运营和服务三大支柱产业之一，大力发展民用飞机服务支援体系是民用飞机产业从技术成功、市场成功走向商业成功的必经之路，是实现国家"一带一路"倡议、促进民用飞机产业"走出去"的重要举措。

（1）服务支援网络平台建设。把国产民用飞机各项服务产品统一在一个网络平台下，主要包括服务支援门户系统、服务产品和基础支撑环境，使国产民用飞机主制造商、供应商、用户、第三方服务机构和民航管理局方，能够通过平台及时、准确地获取所需信息，实现信息资源共享，为国产民用飞机安全、顺畅和高效地运营提供保障。

（2）示范基地建设。根据飞机运行的情况进行选址，优先选择离客户较近的地点，在国内建设两个示范基地，在非洲建设一个示范基地，包括培训中心、维修中心、小型备件库、技术支援办公室和服务支援信息网络。形成定检维修能力，保证统一标准下的维修质量和维修信息的共享；建立小型备件库，满足用户航线维修和定检维修的备件需求；形成具备贴近用户的培训能力，包括飞行培训、机务培训、乘务培训及性能/签派培训能力；建立技术支援办公室，向用户提供工程服务和技术支援；建立连接主制造商和供应商的服务支援信息网络终端。

（3）备件中心库建设。形成对包括备件中心库、示范基地的维修备件库及用户库在内的全球库房统一管理的能力。通过市场化的物流模式及准确的备件分析模型达到快速响应的目的。

（三）重型直升机专项和国产直升机产业化工程重大行动计划

重型直升机是国家利益保障的利器，是国家整体实力的重要标志，是关系国防、民生和国民经济的战略性装备，因此也是政治敏感性很强的装备，是各直升机大国的重点发展装备。我国目前没有重型直升机产品，我国军民领域对重型直升机的需求十分迫切，发展一型符合我国国情的重型直升机已迫在眉睫。重型直升机发展已列入中俄战略合作的大项目，实施过程中许多问题需要政府层面组织、协调和决策，只有作为国家重大行动计划来安排，才能保证该项目的成功。

（1）重型直升机专项。根据我国各领域使用需求，研发一型内载、外挂、航程等能力既能满足平原和海上使用要求，又具有出色高原使用能力的重型直升机，突破重型直升机总体气动优化匹配技术，大尺寸、大载荷设计制造技术，以及大功率传动系统总体构型等型号关键技术，用 9 年左右的时间完成研制工作。使用范围基本覆盖我国国土全域，并具备全时全域任务能力。项目主要目标为：在相关条件下，内载不小于 10 吨（高原内载重量不小于 5 吨），外挂重量不小于 15 吨，航程不小于 800 千米，使用升限不小于 6 千米等。

（2）国产直升机产业化工程。在现有 2 吨级、4 吨级和 13 吨级平台的基础上，按照不同客户的个性需求，进行改装、改进、改型，扩展使用范围，同时重点解决产品存在的短板，尤其是提升主减速器的寿命可靠性、全机维修性，实现降低全寿命使用成本的目标，在"十三五"期间首先将翻修期不足 1000 小时的主减速器提高到 1000 小时以上，再用 5 年左右的时间使主减速器翻修期普遍达到 3000 小时以上。建立健全包含供应商在内的客户服务体系，涵盖客户服务网络、客户培训、产品维修等各方面，完善任务设备配套，建设相应的作业基地。

（四）打造系统级供应商与强化民用机载设备产业群重大行动计划

机载系统的技术水平是现代飞机高科技含量和先进性的重要体现，价值比占30%以上，对保证和提高飞机的可靠性、经济性、舒适性和环保性起着至关重要的作用。我国机载系统由于投入不足，目前既没有足量的满足适航标准的产品，也没有可为主机提供机载设备系统解决方案的系统级供应商，缺乏系统验证设备、技术标准体系、研发管理体系、供应商体系和制造能力，无法从整个过程上保证系统设计符合民用航空的管理要求，短板效应日益凸显，民用机载系统份额的占比不足 1%，面对垄断市场的高壁垒和数字时代的高技术风险，是否具备机载系统自主保障能力事关国产民用飞机的商业成功和产业可持续发展，事关我国民用飞机产业发展的市场安全。

通过该行动计划的实施，到 2020 年，突破多电乃至全电飞机所需的机载系统关键技术，掌握适航符合性设计、制造和验证的一整套方法与流程，形成国内机载系统适航体系和能力。形成布局合理的民用飞机航电产业格局，研发出具有航电特色的系统平台产品，提升系统研发和集成能力，搭建符合持续适航的客户服务体系，初步具备与国际供应商同台竞技的能力。

（1）完善机载系统协同研发体系，实现系统综合配套的能力。着力研发符合适航要求的机载系统集成产品，以成熟的系统架构为基础，集成子系统与设备产品，形成提供机载系统全面解决方案的能力。同时，进一步推动机载系统适航体系的建设，形成系统化的机载系统适航标准、研发流程、适航标准工程指南和验证方法及工具集，全面形成先进的机载系统适航体系和能力。

（2）针对干支线飞机、民用直升机和通用飞机三大市场对航电系统的需求，全力实施民用飞机航电系统产业化项目，通过产品研制、市场开拓和技术发展项目，提升系统解决方案能力和全价值链产业发展能力。

（3）发展支撑机载产业的重点产品。发展综合模块化航空电子结构核心计算平台、座舱显示及控制系统、通信导航系统、综合监视系统、大气数据惯性基准系统、中央维护系统、信息系统、驾驶舱控制面板及调光系统、E-E舱安装系统、飞控系统等。

（五）民用飞机试飞体系建设重大行动计划

飞行试验是民用航空发展的必经渠道。我国试飞体系出于历史的原因主要基于军用目标设立，民用飞机试飞试验场结构体系不完整，能力建设滞后于航空工业的发展，近年来，虽补充了部分民用设施，但与民用航空发展的需要差距很大，亟须围绕我国民用航空产品发展目标，针对民用航空产品试飞任务和技术发展需求，建立起支撑新民用飞机产业发展的新一代民机试飞体系，全面支撑验证民用飞机试验试飞，并支持民用飞机的设计优化和工艺改进。

（1）空中试验设施研制建设。建设大型民用飞机飞控系统综合模拟试验机平台、综合航空电子试验机、结冰喷水试验平台，满足CJ-1000A、CJ-2000AX发动机试飞的发动机飞行台，通信导航设备校验平台。

（2）地面试验设施。建设民用飞机飞行载荷校准试验设施，包括载荷试验厂房和载荷校准设备；建设一座满足14吨推力级的CJ-1000AX试车任务的发动机地面试车台，同时兼顾CJ-1000A和30吨推力级的CJ-2000A发动机的地面试验任务；建设发动机飞行试验测试、监控、仿真综合单元，以保障CJ-1000AX、CJ-1000A等系列发动机飞行试验为目的，开展测试、数据分析研究和监控与仿真等安全保障技术研究的综合实验单元。

（3）商用试飞员培训保障条件。建设具有相关培训功能的飞机和教学用配套设施：试飞培养信息采集处理与评价系统、机库及配套设施。

（4）试飞安全技术中心。构建试飞安全分析与评估系统、建立飞参实验室、油料检测设备、结构无损检测设备、计量校准实验室改造和质量检验实验室等。

（六）先进碳纤维复合材料在航空产业安全扩大应用重大行动计划

随着航空技术的发展，复合材料大范围在飞机上应用已成为国际航空产业发展的主要趋势，复合材料的大量应用已成为衡量新一代民用飞机先进性的重要标志之一，也是参与新一轮国际民用飞机市场竞争的关键因素。欧美政府在复合材料的安全应用上仍高度重视并大力投入，目前我国航空用先进碳纤维复合材料整体技术与国外差距在 20 年以上，作为后来者，我国民用飞机产业必须突破包括原材料、中间材料和复合材料结构涉及的设计、制造、维护等一系列关键技术并建立完善的技术体系，建立行业统一的规范和标准，才能逐步实现全面赶超。

（1）设计及分析领域。建立复合材料的设计准则和基础数据库，形成持续更新的复合材料设计规范和手册，编制复合材料设计工艺性指南，补充、完善复合材料分析手段，形成共享的复合材料设计分析方法和工具。

（2）材料领域。建立复合材料性能测试标准和规范、复合材料共享数据库、高性能复合材料预浸料和预成型体的材料及制备规范。

（3）制造领域。建立复合材料的制造工艺标准与规范、复合材料制造工艺参数数据库，编制复合材料工装设计制造手册与指南、复合材料结构装配规范与指南。

（4）检测与试验领域。编制复合材料检测规范和指南，建立复合材料试验方法标准与规范、复合材料检验共享数据库、复合材料试验共享数据库。

（5）维护与维修领域。编制复合材料维护和维修方法指南，建立复合材料维修方法和应用数据库。

（6）适航与质量管理领域。编制复合材料的需求管理指南，建立复合材料过程管理与质量控制标准及规范，构建复合材料适航符合性评估、验证指南与管理流程。

（七）"一带一路"卫星应用重大行动计划

"十三五"期间，面向"一带一路"空间信息服务、集成应用等需求，建成能够覆盖"一带一路"沿线国家的卫星服务系统，不断完善"一带一路"卫星系统合作协同机制，通过空间资源合作、融合发展、数据交换、联合观测等方式，以地面网络为依托、天基网络为拓展，实现"一带一路"沿线国家的全天时、全天候的天地一体化综合信息服务。

1. "一带一路"高通量卫星组网项目

2017年，我国首颗高轨道高通量通信卫星中星16号发射升空，到2020年之前，中星18号、亚太6D等高通量卫星也将发射升空并部署到位，逐步形成高通量系列化卫星组网运行，面向"一带一路"沿线国家通信需求，实现"一带一路"高通量卫星组网运行，带动我国通信卫星能力全方位升级，进一步促进中国与"一带一路"各国的互利互惠。

2. "一带一路"北斗星基增强系统项目

立足北斗系统，构建"一带一路"北斗星基增强系统，满足"一带一路"沿线国家互联互通建设对高精度、高可靠性导航定位的需求。构建由地面参考站网、数据处理中心、地面上行站、空间段及用户终端组成的北斗星基增强系统，快速提升北斗定位精度及完好性指标，满足"一带一路"沿线高精度定位和完好性应用需求，为"一带一路"沿线及周边国家，提供基于北斗系统的跨境运输、渔业管理、口岸清关、精细农业、应急救援等多个领域的应用解决方案，服务周边国家经济社会发展。

3. "一带一路"遥感卫星地面接收站网项目

在"一带一路"沿线国家布设国际接收站，构建"一带一路"遥感卫星地面接收站网，实现对"一带一路"沿线区域对地观测数据的快速接收和获取，根据国家任务要求和商业市场需求实现"一带一路"沿线国家遥感卫星数据的快速获取。

4. "一带一路"卫星应用示范园项目

加快新疆维吾尔自治区高分辨率对地观测系统应用示范区、北斗导航应用示范项目、反恐维稳空间信息综合服务系统建设，打造空间信息服务研发基地，促进与中亚国家互利共赢；支持宁夏回族自治区充分利用中国—阿拉伯合作平台，依托中关村西部云基地，构建"一带一路"区域数据中心和云计算平台，促进与阿拉伯国家空间信息产业合作；在中蒙俄、新亚欧大陆桥、中国—中亚—西亚、中国—中南半岛、中巴、孟中印缅六大经济走廊区域建立各地的"空间信息+"产业发展生态圈，促进空间信息与大数据、物联网、移动通信、数字电视和云计算等高新技术的融合发展，拓展空间信息在"一带一路"国家的智慧城市、智慧水利、智慧港口、智慧物流、智能电网等领域的服务。

（八）天地融通惠民重大行动计划

"十三五"期间，面向大众对空间信息的多层次需求及精准脱贫攻坚战、污染防治攻坚战目标，依托我国卫星系统资源，利用卫星应用技术，通过"智慧消费"工程、"智慧脱贫"工程和"智慧环保"工程，建设天地融通信息消费服务体系、天地融通"智慧脱贫"服务体系、贫困地区自然灾害应急信息系统、贫困地区环境信息监测系统、贫困地区环保建设辅助指挥系统，充分发挥卫星应用的惠民服务作用。

1. 天地融通"智慧消费"工程

"十三五"期间，面向民生多层次需求，充分利用卫星资源，实现大众旅游、位置服务、通信、文化、医疗、教育等消费服务模式便捷、高效、智慧化，打造天地融通消费综合服务体系。

1）推广北斗系统消费终端的应用

积极推广北斗在智能手机中的运用，通过北斗导航定位，实现无手机信号地区的无缝通信连接。推广北斗智能应急救援终端，结合北斗应急指挥功能，升级民生户外应急通信服务，同时提升了政府应急救援能力。大力挖掘、开发北斗在其他消费终端的应用，如北斗防盗自行车、北斗手表、北斗锁、北斗防盗相机、宠物寻找型和少儿寻找型设备等。通过积极推广北斗导航在各类消费终端的运用，实现北斗与民生消费各领域的紧密结合。

2）大力发展卫星应用消费软件及技术解决方案

在统一我国卫星应用领域的行业标准的基础上，开发出开放性、通用型的平台软件，支持多种通信协议，兼容多种数据格式，从而支持多厂商推出的硬件设备，并能够根据不同需求进行二次开发，发展适合不同用户需要的行业应用系统，以满足当前日益迫切的民生服务市场要求。同时，大力开发卫星数据应用为各行业积极提供技术解决方案，广泛应用于运输、农业、建筑、土木工程、工程施工、环境治理等。

3）试点推广卫星应用系统方案

老年居家系统：建立智能手机、电脑和互联网相互融合的可视化管理云平台，实现养老巡视员的定位监控、入户巡检，预约提交，信息查询等可视化管理等。

视障人群定位导航系统：由内置北斗导航芯片的视障智能手机、室内传感定位网络、穿戴式服务终端、移动式公共服务终端、后端云服务管理应用平台等部分组成，基于北斗、GPS（global positioning system，全球定位系统）进行亚米级定位导航，以语音播报提示用户，并在一定距离内配合超声波进行避障。

2. 天地融通"智慧脱贫"工程

针对精准脱贫攻坚战，依托我国空间资源，利用卫星应用技术，为贫困地区构建卫星通信服务系统、北斗远程服务系统和应急保障系统，打造天地融通"智慧脱贫"综合服务体系。

1）构建贫困地区卫星通信服务系统

我国国土辽阔，复杂的地形增加了光纤铺设的难度与成本，使一些地区的人们一直无法享受互联网带来的便利。卫星通信是缩减甚至弥合数字鸿沟非常有效的手段。充分利用通信卫星及地面设施，加强空间资源建设的同时，合理选点布局地面站及区域服务中心，实现贫困地区多媒体、数据、互联网实时传输与接入服务。

2）搭建贫困地区远程服务平台

在贫困地区卫星通信系统基础上，搭建远程教育服务平台、远程健康服务平台、电子商务服务平台，逐步完善贫困地区"一站式"端到端综合服务体系，以满足贫困地区教育、医疗、电子商务等需求。搭建贫困地区远程教育服务平台，通过资源的虚拟化与按需调用，实现优质教育资源普及共享，解决贫困地区教育基础设施建设难、传统教学资源单一等问题。搭建贫困地区远程健康服务平台，聚集全国各地优势医疗资源，为贫困地区提供远程实时监护、紧急救援、远程问诊、远程医学信息、个人健康信息档案查询等智能服务。

3）构建贫困地区应急保障系统

基于卫星资源，构建贫困地区应急保障系统。利用遥感技术对贫困地区的自然灾害类型、等级进行分区、分类，形成自然灾害基础数据库，结合区域内的水文、气象、地质构造等历史数据及实时观测数据，对灾害的危险性进行评估预警，通过长期动态监测对自然灾害的发展发育情况进行预测。在高危区域布置数据采集终端，实时传输灾害信息，及时掌握灾害发生时间、位置，可提高贫困地区应急救援实时性和救援效率。

3. 天地融通"智慧环保"工程

为打好、打赢污染防治攻坚战，依托我国空间资源，利用卫星应用技术，为贫困地区构建生态环境监测系统、环保建设辅助决策系统，打造天地融通"智慧环保"综合服务体系。

1）贫困地区生态环境监测系统

面对贫困地区生态环境监测的特点，综合运用各类卫星资源及应用技术，实现对生态环境监测数据的并行实时传输，高效并行化地进行数据处理及数据分发，实现各类产品自动、及时分发，业务运行过程和结果可视化监控，以及各类信息的网络化管理，从而实现对贫困地区生态环境的智能化监测。

2）贫困地区环保辅助决策系统

依托卫星资源，充分利用卫星应用技术，搭建环保信息快速获取、分析判读、紧急救援、指挥调度等星地一体化"一站式"服务平台，实现贫困地区环保建设的及时调度与指挥、实时数据接入，实现数据传输交换、管理监控、共享开放、分析挖掘等基本功能。基于贫困地区生态环境监测信息系统对数据进行统计、筛选、汇总、评价，提供生态环境大数据分析和应用。

（九）轨道交通装备产业重大行动计划

面向建设"安全交通、高效交通、绿色交通、和谐交通"的重大需求，大力发展新能源、高效能、高安全、智能化的轨道交通系统技术与装备，完善我国现代综合交通运输核心技术体系，重点发展轨道交通车辆智能化、轻量化技术及自动驾驶技术，开发新一代氢燃料电池技术，发挥新材料、新能源，以及移动互联、无线电能传输、信息智能、增材制造等新技术对轨道交通产业发展的引领作用，加强系列化中国标准动车组、城际动车组、低地板现代有轨电车、中低速磁浮列车的关键技术与装备研发。

（1）中国标准动车组研发及产业化工程。在系统安全保障、综合效能提升、可持续性和互操作等方向，进行高速动车组全生命周期服务关键技术研究，突破系列化标准高速动车组关键零部件及绿色智能化集成技术，加强关键系统和配套装备产业化，打造具有国际竞争力的标准高速动车组装备产业链，依托京广高铁（北京—广州）及未来系列化标准高速动车组运营线路，开展高速列车装备及配套关键系统与零部件试验验证和示范应用。

（2）城际动车组研发及产业化工程。围绕三网融合、打造一体化交通模式理念，开展互联互通和车体轻量化、智能化、绿色化等关键技术研究；搭建车体、转向架、系统集成制造新模式，提升自主集成城际动车组装备研制和产业化能力；围绕时速 140 公里[①]、时速 160 公里、时速 200 公里三个速度级，组织实施城际铁路装备研发与产业化示范工程。

（3）低地板现代有轨电车研发及产业化工程。突破低地板现代有轨电车关键技术，推进低地板现代有轨电车装备研制及产业化，围绕多铰接、单铰接的非接触式、间歇式供电，混合动力等多种不同技术路线，组织实施低地板现代有轨电车产业化示范工程。

（4）中低速磁浮列车研发及产业化工程。突破中低速磁浮列车关键技术，重点突破 200 公里中速磁浮轻量化车体技术、悬浮及导向控制技术等，进一步降低 160 公里以下磁浮系统、悬浮系统的能耗；研制出适用于中速磁浮的新型悬浮架、新型永磁电磁混合悬浮电磁铁、

---

① 1公里=1千米。

高可靠性控制器等关键核心部件等，推进产业化；组织实施中低速磁浮列车产业化示范工程，构建以主机厂为核心、全产业链参与、多方位资金投入、政产学研用金介于一体的现代化技术成果转化和市场运作体系，形成面向国内外市场的综合供给能力。

（十）海洋工程装备产业重大行动计划

加强海洋工程装备产业规划布局，优化海洋工程装备产业结构，培育战略性新兴产业，大幅度提升海洋经济增长量、海洋工程装备产业贡献率，将海洋工程装备产业构建成为我国国民经济新的支柱型产业，已成为国家发展的必要举措。海洋工程装备产业提供海洋开发的必需装备，是典型的高端装备制造业和战略性新兴产业的重要组成部分，在海洋经济发展过程中起着排头兵的作用。

（1）提高海上油气开发装备、海洋可再生能源装备、海上浮式保障基地等重点领域核心装备的研制开发水平。开展海上油气开发装备（浮式液化天然气生产系统、张力腿平台、深水立柱式平台、浮式生产钻井储卸油系统、水下重载作业装备、实时监测装备）、海洋可再生能源装备（波浪能、海上风电、潮流能、温差能等利用装备）、海上浮式保障基地（海上机场、深远海保障基地、深海岛礁建设施工装备、海上发射平台）等重点领域的基础研究和设备研发。

（2）加强极地资源开发装备、海底矿藏开发装备和海洋生物与化学资源开发利用等海洋开发创新领域的技术及设备探索，提高海洋天然有机物资源、深海渔业养殖、海水淡化、海水提锂、海水提铀的开发能力。

（3）提高海洋工程装备生产能力和本土化程度，完善产业链条，为打造具有国际影响力的知名海洋工程装备品牌奠定基础。

（4）重视汲取其他国家先进的技术、经验，加强国际交流合作，进行技术引进；同时加强对高等院校和科研院所的资金投入，注重重大研究设施建设，培养海洋工程装备产业优秀人才。

（十一）"互联网+智能制造"工程重大行动计划

制造业是立国之本、兴国之器、强国之基。我国制造业大而不强，并处于制造业转型升级的关键时期，唯有通过实施"互联网+智能制造"，实现制造业转型升级，紧紧抓住新的科技革命和产业革命的机遇，重塑我国制造业优势，才能实现制造业由大变强。"互联网+智能制造"是新兴制造科学技术、信息通信科学技术、智能科学技术及制造应用领域专业技术的深度融合，是提升国家制造业水平的重要途径。"十三五"期间，"互联网+智能制造"着力攻克融合创新技术的智能制造系统总体、平台及全生命周期活动的智能化技术；形成具有自主知识产权的智能产品及智能互联产品、智能制造软硬件使能工具、智能制造系统和制造云运营服务等智能制造产业；培育一批面向"互联网+智能制造"产业链的应用示范工程及重点领域智能工厂应用示范工程。

1. 工业互联网重点任务建设

突破工业互联网体系架构关键技术，建设工业互联网的安全体系和评估体系，制定工业互联网体系标准，形成自主可控的软硬件使能工具，智能装备、平台产业，研制智能及智能互联产品，在重点领域研发系统软件、平台软件、应用软件等智能工业软件。

2. 智能工厂重点任务建设

形成自主可控的智能工厂支撑平台或工具集，形成智能和智能互联产品及智能工厂系统研发与运行产业，积极建设智能工厂应用示范工程，开展智能工厂的集成创新与应用示范。

（十二）新材料提质增效和协同应用重大行动计划

新材料产业是体现国家实力的全球性竞争产业，是世界各国的重点发展领域。20 年来，新材料领域在关键技术突破、重大产品与技术系统开发、重大应用与示范工程方面取得了一系列重大成果，但还存在跟踪国外技术较多、原始性创新较少、国家重大工程和国防建设新材料配套与工程化能力较弱、高端产品产业化程度偏低等问题。实施新材料提质增效和协同应用重大行动计划，到 2020 年，力争使若干新材料品种进入全球供应链，重大关键材料自给率达到 70% 以上，初步实现我国从材料大国向材料强国的战略性转变。

（1）提高新材料基础支撑能力。顺应新材料高性能化、多功能化、绿色化发展趋势，推动特色资源新材料可持续发展，加强前沿新材料布局，以战略性新兴产业和重大工程建设需求为导向，优化新材料产业化及应用环境，加强与相关行业的协同发展，提高新材料应用水平，推进新材料融入高端制造供应链。

（2）推动新材料产业提质增效。面向新一代信息产业、航空航天、轨道交通、节能环保、医疗健康、新能源汽车等产业发展需求，扩大高强轻合金、高性能纤维、特种合金、先进无机非金属材料、高品质特殊钢、新型显示材料、动力电池材料、绿色印刷材料等规模化应用范围，逐步进入全球高端制造业采购体系。推动优势新材料企业"走出去"，加强与国内外知名高端制造企业的供应链协作，开展研发设计、生产贸易、标准制定等全方位合作。提高新材料附加值，打造新材料品牌，增强国际竞争力。建立新材料技术成熟度评价体系，研究建立新材料首批次应用保险补偿机制。组建新材料性能测试评价中心。细化完善新材料产品统计分类。

（3）以应用为牵引构建新材料标准体系。围绕新一代信息技术、高端装备制造、节能环保等产业需求，加强新材料产品标准与下游行业设计规范的衔接配套，加快制定重点新材料标准，推动修订旧标准，强化现有标准推广应用，加强前沿新材料标准预先研究，提前布局一批核心标准。加快新材料标准体系国际化进程，推动国内标准向国际标准转化。

（4）促进特色资源新材料可持续发展。推动稀土、钨钼、钒钛、锂、石墨等特色资源高质化利用，加强专用工艺和技术研发，推进共伴生矿资源平衡利用，支持建立专业化的特色资源新材料回收利用基地、矿物功能材料制造基地。在特色资源新材料开采、冶炼分离、深加工各环节，推广应用智能化、绿色化生产设备与工艺。发展海洋生物来源的医学组织工程材料、生物环境材料等新材料。

（5）前瞻布局前沿新材料研发。突破石墨烯产业化应用技术，拓展纳米材料在光电子、新能源、生物医药等领域应用范围，开发智能材料、仿生材料、信息材料、超材料、低成本增材制造材料和新型超导材料，加大空天、深海、深地等极端环境所需材料研发力度，形成一批具有广泛带动性的创新成果。

三、生物产业重大行动计划

《"十三五"国家战略性新兴产业发展规划》提出，到 2020 年，生物产业规模达到 8 万亿~10 万亿元，形成一批具有较强国际竞争力的新型生物技术企业和生物经济集群。加快生物产业创新发展步伐的主要措施包括构建生物医药新体系、提升生物医学工程发展水平、加速生物农业产业化发展、推动生物制造规模化应用、培育生物服务新业态、创新生物能源发展模式六个发展方向，以及新药创制与产业化工程、生物技术惠民工程、生物产业创新发展平台建设工程三项工程。

（一）应急疫苗工程重大行动计划

国家应急疫苗体系的建设及产业发展是各国生物安全战略部署的重要组成部分，是快速有效应对新发、突发传染病的重要手段，事关国家安全和社会稳定。"十二五"以来，我国疫苗研发产业取得了较快发展，常用疫苗生产研发技术平台及相应的质量控制与评价体系等都已基本建立，但还存在应急响应机制不完善、关键技术开发与应用不足、产业化支撑能力有待进一步提升、疫苗质量及效果评价支撑体系不完善、价格形成与补偿机制有待完善等问题。"十三五"期间，通过应急疫苗工程重大行动计划的实施，我国应急疫苗响应体系将基本达到与发达国家同步应对重大、新发、突发传染病的水平，通过建立较为完善的关键技术平台和应急疫苗储备机制，使技术储备、产能储备、实物储备满足国家常态和非常态的生物安全保障需要，使我国疫苗创新发展能力得到较大提升。

（1）提前布局重要应急疫苗的研发与产业化，加强应急疫苗相关领域关键技术能力的建设和技术储备，加快实现现有应急疫苗品种升级换代，积极支持新型应急疫苗及抗体的研发和产业化。

（2）建设军民融合发展的应急疫苗国家工程中心，发展快速构建、快速生产、快速评价等技术平台，进行新技术的验证，提供技术支撑，作为应急疫苗产业化的承接，并支持定点企业提高应急产能。

（3）扶持核心设备与关键技术平台建设，重点攻克制约国内生物医药行业长远发展的相关应急疫苗共性和关键技术难题，切实提高核心竞争力，缩小与国际先进水平的差距。

（4）实现保障供给并形成市场激励机制，提升现有应急疫苗最大产能，增列实物储备品种，采取恰当的市场激励机制，支持相关企业建设生产线、增加产能并有效维持应对疫情暴发时的峰值产能。

（5）提升行业装备水平和产业支撑能力，创新监管水平，提高监管效能，扶持国内应急疫苗及相关产业进入国际市场。

（二）生物种业创新发展重大行动计划

生物种业是国家战略性、基础性核心产业，是保障国家食物安全的根本，事关全国人民的"饭碗"。我国生物种业科技历经几十年的发展，具备了从基础研究、应用研究到成果推广等创新与应用能力，但与发达国家相比，仍有较大差距。我国自产农产品中外国品种的比重越来越大，对外依存度高。通过生物种业创新发展重大行动计划的实施，建成工程化、全产业链技术创新体系，推动生物种业实现创新驱动的跨越式发展。在杂种优势利用领域突破产业化应用的瓶颈，进一步扩大领先优势，引领全球技术发展。突破分子设计育种、单倍体育种、性状定向改良、性能自动测定、大规模高效繁育加工及信息技术等关键技术的集成应用，加速形成产品领先优势。集成全球创新要素，破解抗逆境、机械化难、资源利用低等"卡脖子"的瓶颈难题，实现关键物种核心技术"弯道超车"。以绿色、营养、安全、高效为切入点，显著提高我国生物种业的附加值。

（1）良种在粮食增产中的贡献率达到 50%以上，适宜全程机械化作业的绿色优质作物品种推广面积占总播种面积30%以上。

（2）培育畜禽特色新品种及配套系 5~10 个，使选育畜禽品种生产性能提高 10%~15%，国内市场占有率平均提升 20%~25%，良种在畜禽养殖中的增产贡献率达到 30%以上。

（3）水产领域良种覆盖率达到 40%以上，遗传改良率达到 35%，良种增产贡献率达到 30%。

（4）主要用材树种材积生长量提高 10%，人工林碳储量提高 15%，主要木本粮油新品种单产提高 15%，重要草种子平均单产增加 10%以上。

（三）动植物营养和健康产业发展重大行动计划

动植物营养和健康产业是我国农业产业的重要组成部分，在确保我国粮食安全、农产品质量安全、农业生态环境安全，支撑农业可持续发展等方面起着重要的支撑作用。动植物营养和健康产业发展重大行动计划的目的是通过 10~20 年的工程实施，形成我国动植物营养和健康绿色治理创新技术体系，解决目前我国动植物生产过程中过量投入化学农兽药，造成农产品农兽药残留超标等质量安全和环境破坏等问题，带动我国绿色农兽药创制技术提升，促进农兽药产业结构调整。建立一支自主创新能力强、有国际竞争力的动植物健康绿色治理研发队伍。

（1）植物免疫诱导技术培育。研究诱导免疫反应的信号通路、植物体相关抗病虫生理指标和相关基因的表达差异等，开发植物抗病虫的新技术和新产品。

（2）RNA（ribonucleic acid，核糖核酸）干扰精准控害技术培育。通过在植物中表达病虫基因的双链 RNA，诱导产生小分子干扰 RNA、干扰或沉默病虫关键基因，从而抑制病虫的生长、发育及致病性，实现作物对病虫害的抗性。

（3）土壤健康修复技术培育。解决土壤问题的根本途径是增加土壤功能微生物的种类和数量，通过添加土壤有机质来维持庞大的功能微生物群体，抑制病原微生物的发生和发展，保障和促进植物健康生长。

（4）动物基因工程疫苗培育。采用现代分子生物学、生物信息学和基因工程技术，针对危害养殖业发展的重大疫病，创制安全、高效的基因工程疫苗及活载体多价疫苗，迅速形成一批具有市场竞争力的重大产品。

（5）新型化学药、中兽药现代化及动物生物治疗制剂与诊断试剂开发。从天然化合物中筛选、发掘并研制动物用新型化学药；实现药物靶标和化合物的高通量筛选及新型化学药的分子设计。利用现代制药工艺，开发具有自主知识产权的中兽药新制剂，实现中兽药的现代化。重点发展用于不同畜禽的干扰素、防御素、抗菌肽等治疗性生物制剂，创制快速、准确、使用方便的动物疫病新型诊断试剂，培育动物生物治疗制剂与诊断试剂新型产业。

（6）农兽药研发原始创新与技术突破及新兴产业培育。围绕农兽药研发原始创新与技术突破及新兴产业培育等重大科学问题，实施农兽药研发原始创新能力提升工程，大力推进农兽药研发领域的基础研究，不断增强我国农兽药研发原始创新能力，解决我国农兽药创制中的技术瓶颈问题。

（四）生物燃料产业重大行动计划

随着我国工业化、城镇化的高速发展，化石能源短缺、环境污染加剧、温室气体减排压力增大对我国国民经济持续健康发展的限制作用逐渐显现，大力发展以生物燃料为代表的清洁能源产业已成为国家战略选择。

1. 生物燃料乙醇方向

通过重大行动计划引导，发挥在完善政策体系、加快示范推广、提升存量水平、布局技术储备、深挖综合利用、引导消费等方面的积极作用。

（1）加快出台促进先进生物燃料发展的政策法规和实施方案，形成完整与联系稳定的涵盖粮食燃料乙醇、纤维素燃料乙醇、生物天然气等生物质能的政策体系。

（2）加快生物液体燃料示范和推广，在玉米、水稻等主产区，结合陈次粮和重金属污染粮消纳，稳步扩大燃料乙醇生产和消费，大力发展纤维素燃料乙醇。

（3）改造过剩玉米酒精产能，在玉米燃料乙醇行业应用新技术、新设备，重点关注纤维素燃料乙醇生产技术、乙醇副产物品质效益提升与综合利用、纤维素燃料乙醇示范装置建设（1.5 代纤维素燃料乙醇和 2 代纤维素燃料乙醇）。

2. 生物燃气方向

通过重大行动计划的引领，实现化工、农业、环保、生物和材料等多学科交叉，以化工新理论、新方法、新技术为核心，探索物质高效转化和能量有效利用的科学机制，为节能减排做出贡献，进一步促进整个生物燃气产业的发展。针对生物燃气的高效制备和高值利用有以下六个重点研究方向。

（1）重点研究厌氧发酵系统微生物学，通过微观调控、优化微生物群落结构，进而提升原料转化效率。

（2）研发具有自主知识产权的高性能和高可靠性装备，重点研发除砂、调质、粉碎等预处理设备。

（3）制定完善生物燃气相关的规范和标准，形成生物燃气产业的标准体系，重点制定原料收集、运输和存储规范。

（4）推广生物燃气集中供气、生物燃气热电联产、生物燃气纯化车用、生物燃气纯化入网等模式，并建设专业化生物燃气装备制造和运营服务体系。

（5）适时建设一批村镇级集中供气、兆瓦级热电联产、百辆级纯化车用、万方级纯化入网、兆瓦级生物燃气燃料电池、年产千吨级生物燃气化工产品等生物燃气示范工程，打造一批高科技龙头企业。

（6）依托国内生物燃气领域的高水平研究机构和企业，整合研究、开发和推广资源，建设国家级生物燃气实验室、工程中心和推广平台，培养一批高水平的人才队伍。

3. 航空生物燃料和生物柴油方向

通过重大行动计划的引领，在解决航空生物燃料和生物柴油的原料来源问题、生产技术问题的基础上，按照原料资源和市场需求统筹规划、合理布局，建立规模化的生物质炼厂，逐步构建能源农业循环经济产业链，实现能源与农业的融合和科学、协调发展。

（1）构建和完善原料供应体系，充分利用边际土地，引导农民有序种植能源植物，以及做好农林废弃物等生物质资源的收集。

（2）构建产学研一体化运行模式，加快实现重大关键技术突破，开发成熟工业化技术，降低产品生产成本。

（3）建立符合现代金融要求的商业运作模式，用现代金融的理念来实现融资和资本运作，用现代物流的理念打造原料供应链、产品配送链，用现代商业的理念实现产品和副产品的高效营销。

（4）完善扶持政策与税收补贴机制，对航空生物燃料和第二代生物柴油的生产、销售、使用给予优惠政策。

（5）加快完善标准体系及准入制度，提出我国航空生物燃料原料的质量控制指标建议，为民营企业在内的相关企业提供产品准入的基本条件。

四、新能源汽车、新能源和节能环保产业重大行动计划

《"十三五"国家战略性新兴产业发展规划》提出，大幅提升新能源汽车和新能源的应用比例，全面推进高效节能、先进环保和资源循环利用产业体系建设，推动新能源汽车、新能源和节能环保等绿色低碳产业成为支柱产业，到 2020 年，产值规模达到 10 万亿元以上。《"十三五"国家战略性新兴产业发展规划》同时提出实现新能源汽车规模应用、推动新能源产业发展、大力发展高效节能产业、加快发展先进环保产业、深入推进资源循环利用五个发展方向，以及新能源汽车动力电池提升工程、新能源高比例发展工程、节能技术装备发展工程、绿色低碳技术综合创新示范工程、资源循环替代体系示范工程五项工程。

（一）新能源汽车动力电池提升工程重大行动计划

动力电池是新能源汽车最核心的组成部件，其性能水平直接决定着新能源汽车的产品竞争力。美国、日本、德国等国家均制订了车用动力电池发展的国家规划，我国已形成包括关键材料、系统集成、示范应用、回收利用、生产装备、基础研发等在内的较为完善的锂离子动力电池产业链体系，但基础性和支撑性的研究与开发工作相对薄弱，规模化生产的动力电池均匀一致性等指标与国外相比有较大差距，电

池系统集成技术水平不高，产业技术创新能力不足，亟须优先思考和解决，加大投入力度，引导创新突破，掌握产业制高点与发展先机。

（1）加强应用基础理论研究，建立通用性动力电池仿真平台，开发出具有自主知识产权的动力电池设计仿真系统，掌握精确的动力电池 SOC（state of charge，剩余电量）估算模型和估算能力。

（2）以高容量正负极材料、高电压电解液、高熔点隔膜等新材料为主要发力点，解决材料结构稳定性、热稳定性、性能衰减等问题。推动能量型动力电池能量密度普遍超过 200 瓦时/千克。

（3）加强电池安全研究，加快建立动力电池的热电耦合模型，应用新型隔膜、新型电解液、安全涂层、电池设计切实提高动力电池的安全性能，建立、健全安全监控体系。

（4）加快新体系电池技术开发。推动锂硫电池、金属空气电池、固态电池等新体系电池的研发和工程化开发，力争 2020 年实现 300 瓦时/千克单体小批量制造，并为未来 400 瓦时/千克乃至更高能量密度打下坚实基础。

（5）推动形成一批具有较大产销规模的电池生产企业，并鼓励实现标准化生产和模块化供应，降低动力电池成本，提高产品一致性。

（6）建成较为完善的动力电池回收利用体系，镍、钴、锰综合回收利用率超过98%，锂及石墨类回收利用率达60%。

（7）加强燃料电池过程机理研究，突破新型原材料开发结构设计、流体综合仿真、电流分布及优化、低温启动机理及策略等基础研究。

（8）显著提升电池堆及系统的性能、寿命、成本等关键指标。乘用车电池堆额定功率达到 70 千瓦，电池堆寿命超过 5000 小时，系统额定功率超过 60 千瓦，系统成本降低至 1500 元/千瓦；商用车电池堆额定功率达到 70 千瓦，电池堆寿命超过 10 000 小时，系统额定功率超过 60 千瓦，系统成本降至 5000 元/千瓦。

（9）在重点区域率先示范推广 5000 辆燃料电池汽车，建成加氢站超过100座，并实现研发、运行、测试、评价、优化一体化。

（二）智能网联汽车重大行动计划

智能网联汽车可以提供更安全、更舒适、更节能、更环保的驾驶方式和交通出行综合解决方案，是城市智能交通系统的重要环节，是构建绿色汽车社会的核心要素，其意义不仅在于汽车产品和技术的升级，更有可能带来汽车及相关产业全业态和价值链体系的重塑，具有极大的社会价值和经济价值。欧盟、美国、日本等发达国家和地区经过近10年的国家项目支持，已基本完成了V2X（车联网）通信及控制的大规模道路测试评价，并从国家标准法规方面提出了ADAS（advanced driver assistance system，先进驾驶辅助系统）强制装配时间表，现已进入产业化及市场部署阶段。我国一汽、上汽、长安、奇瑞等国内整车厂家虽然也在进行汽车ADAS技术研发及产业化应用，但整体来讲，我国智能网联汽车领域的技术基础、研发能力、相关产业链虽发展较快，但差距仍然明显，产品和产业化发展相比发达国家总体上滞后5~10年。

通过实施智能网联汽车重大行动计划，提升汽车产品智能化、网联化技术研发能力，2020年实现中度自动化技术样车实验运行和智能网联汽车示范运营基地开始运营，2025年实现基于示范运营交通数据的智能交通与智能汽车管理规范法规更新，2030年实现完全自动化智能网联汽车商业试运行。

（1）建成智能网联汽车技术开发平台。以创新体系建设为核心，采取开放式、联盟式的方式，整合产学研用多方资源，在共性技术、工程应用、智能制造、测试评价、标准规范等方向展开合作，打造高效、融洽的智能网联汽车技术开发平台，加强技术开发和成果应用。

（2）建成智能网联汽车推广应用及示范平台。建成全球领先的智能网联汽车性能综合评价中心和示范中心，建成丰富的用户体验中心，营造分时租赁等多种商业运营模式并存的市场推广环境。

（3）建成智能网联汽车产业链创新发展平台。以 5G 通信和云计算作为智能网联汽车的网联化核心，以工业 4.0 为目标升级汽车智能制造，以创造服务价值取代生产制造价值为智能汽车价值链的核心，探索内容链的制作模式和资源整合方法。

（4）建成深度融合、协同发展的智能交通体系。以智能驾驶、车辆交互通信、服务基础设施整合、大数据与云服务为四大关键板块，坚持乘商并进，争取 2020 年以前实现初级自动化水平的纯电动商品车量产，加速智能交通体系建立。

（三）煤炭清洁高效转化与利用产业重大行动计划

煤炭在未来仍将长期是我国的主体能源，煤炭清洁高效转化与利用技术的提升是我国"十三五"期间煤炭产业升级的关键，煤炭清洁高效转化与利用产业的发展将为我国能源安全和长远发展提供保障。以清洁、高效、低碳为目标，系统提升我国清洁、高效、低碳煤基发电技术水平，突破 10 项重大关键技术，完成 5~8 项重大技术成果的产业化，建成一批示范工程，建设一批高水平协同创新平台，推动现代煤化工产业实现"安、稳、长、满、优"运行。

（1）大力发展高效燃煤发电与污染物超低排放控制装备，开展燃煤电厂超低排放和管理减排、IGCC 和 IGFC 产业升级示范、700 摄氏度超临界高效发电持续验证试验。

（2）积极推进 CO_2 捕集利用与封存产业的发展，包括 CCS 技术、EOR（enhanced oil recovery，驱油）技术、CO_2 重整煤循环技术。

（3）加快粉煤灰"一步酸溶法"提取氧化铝工业化示范线建设，建设 100 万吨/年生产冶金级氧化铝工业化示范厂。

（4）推动现代煤化工产业升级示范。重点开展煤制油、煤制天然气、煤制化学品、低阶煤分质利用和其他产业协调发展等五类模式工艺技术研发及升级示范，强化通用共性技术装备升级示范。

（四）非常规油气开发利用产业重大行动计划

随着我国经济的快速发展，我国能源消费快速增长，已超过美国成为世界第一能源消费国，我国对石油、天然气的需求不断增加，我国石油、天然气的生产已经无法满足日益增长的需求。与此同时，我国环保压力不断增大，对天然气等清洁能源的需求不断增加，开发利用非常规油气资源对调整、优化我国能源结构，推进绿色能源发展，具有重要意义。我国涪陵页岩气田一期 50 亿立方米产能项目建成投产，标志着我国已经成为除北美地区以外首个实现页岩气商业开发的国家，与北美地区相比，我国页岩气的富集规律更为复杂，要实现我国页岩气产业的快速发展，还需要进一步开展技术攻关、夯实基础。

1. 页岩气

"十三五"期间依靠政策支持、技术进步、体制创新，加大页岩气勘探开发力度，攻克页岩气勘探开发核心技术，尽快落实资源，形成规模产量，推动页岩气产业有序、快速发展。坚持"科技创新、体制机制创新、常规与非常规结合、自营与对外合作并举、开发与生态保护并重"五项发展原则，到 2020 年，页岩气产量力争超过 300 亿立方米[1]，"十三五"期间实现产值 1000 亿元以上。

2. 煤层气

"十三五"期间，坚持创新、协调、绿色、开放、共享五大发展理念，依托国家各类科技计划（专项、基金等），突破煤层气（煤矿瓦斯）开发利用技术装备瓶颈，形成产学研用相结合的科技创新平台；形成煤炭远景区先采气后采煤、煤炭生产规划区先抽后采和采煤采气一体化格局，促进资源勘查与开发、地面开发与井下抽采协调发展。推动地面开发基地化、井下抽采规模化，实现"安全—资源—环保"绿色发展。加强国际交流与合作，积极引进煤层气勘探开发先进技术和管理经验。建立煤层气、煤炭企业信息资源共享机制。加强煤层气技术装备及创新成果的互用互通，实现共享发展。到 2020 年，煤层气抽采量达到 240 亿立方米，其中地面煤层气产量达到 100 亿立方米，利用率达到 90%以上[2]，"十三五"期间实现产值 300 亿元。

（五）智能电网与储能产业重大行动计划

电力产业的创新发展是我国"十三五"期间能源结构转型的关键一环，在绿色能源体系建设、综合能效提升、智慧城市发展、用户优质服务等多方面均有着深刻内涵。建设以清洁能源为主导的新型智能电网，构建智能化的电力生产、输配和消费互动新体系成为现阶段电力产业发展的核心任务。围绕我国"十三五"能源产业相关政策与规划，智能电网与储能产业在本阶段的发展目标主要包括：发展全面可控的智能柔性电力输配平台、发展清洁可再生能源发电的高比例消纳平台、发展"互联网+智能电网"智慧能源服务平台。预计到 2020 年，基本实现全面可控的智能柔性电力输配和清洁可再生能源发电的 100%消纳，供电可靠性达到 99.999%；预计到 2025 年，初步实现"互联网+智能电网"智慧能源服务，为用户提供定制化的电力服务。

（1）在先进电力电子装备方面，大力发展大功率、规模化新能源发电和新型高压直流输电装备，积极推进配电网柔性化及装备电力电子化，积极拓展电力电子在智能用电和电能替代领域的应用，大力发展和扶持自主电力电子半导体工业，突破技术壁垒。

（2）在智能电力装备与系统方面，推动智能芯片在电力系统的应用与推广，发展智能装备制造及应用技术，开展智能调度与运行技术的研发和应用。

（3）在规模化电能存储方面，发掘储能在系统调频辅助服务、分布式发电及微网、可再生能源并网、延缓输配电设备投资等领域的应用潜力，推动多种形式的电能存储技术发展。

（六）新能源产业（核能与可再生能源产业）重大行动计划

进一步促进核能与可再生能源的开发利用，加快对化石能源的替代进程，增强经济竞争力，2020 年与 2030 年核电、风电、太阳能、生物质能和地热能非化石能源占一次能源消费比重将分别达到 15% 和 20%，2020 年产值规模将超过 1.5 万亿元。到 2020 年，核电装机规模达到 5800 万千瓦，产值将达到 5000 亿元；风电新增装机容量达到 8000 万千瓦以上；太阳能发电装机达到 1.1 亿千瓦以上；生物质能年利用量约 5800 万吨标准煤，生物质能产业年销售收入约 1200 亿元；地热能产业总计年替代标准煤 2062.2 万吨，年产值约 258 亿元。

1. 核电产业

推进自主大型先进压水堆示范工程建设，积极开拓国内外市场，实现核电规模化发展；大力支持模块化小堆、低温供热堆示范工程，探索面向城市区域供热、海水淡化、工业工艺供热等核电多用途利用；积极投入、支持先进快堆和核燃料处理，建立核燃料闭式循环，同时加强核燃料产业园建设，健全、完善核燃料供应保障能力，实现健康、可持续核电发展生态。

2. 风电产业

积极推动风电技术自主创新和产业体系建设，提升中东部和南方地区风电开发利用水平，有效解决风电大规模并网和消纳难题，加强风电产业技术质量监管，完善风电产业管理体系，加强国际合作。

3. 太阳能产业

推进分布式光伏和"光伏+"应用，优化光伏电站布局并创新建设方式，开展多种方式光伏扶贫，推进太阳能热发电产业化，加快技术创新和产业升级，提升行业管理和产业服务水平，深化太阳能国际产业合作。

4. 生物质能产业

大力推动生物天然气规模化发展，加快生物质成型燃料工业化进程，加快生物液体燃料示范与推广，稳步发展生物质发电。

5. 地热能产业

查明地热资源开发利用潜力，统一开发水热型地热能和浅层地热能，加强干热岩资源勘查和示范工程建设。

（七）节能技术装备发展重大行动计划

我国节能产业已基本形成领域覆盖全面、产业链较为完整的产业体系，正处于快速发展时期，产业驱动方式处于由政府主导型向市场调节型转变的过渡时期，节能技术和装备的发展及研究与国外基本同步，但品种、规格、系列不够齐全，适用范围、施工应用技术、节能效益与国外差距较大，前沿技术研发与转化不足，先进节能技术装备的市场占有率偏低。需要加快重大节能关键技术与产品产业化及规模化应用，促进节能科技成果转化，促进产业向高端技术产业发展。

（1）加大节能关键技术和装备的研发，组织落实节能关键技术提升和装备优化。在环渤海、长三角和珠三角等地区建立节能孵化器，研发节能锅炉、窑炉，节能电机系统，余能回收利用，建筑节能，照明节能等节能关键技术和装备。到 2020 年突破关键技术 50 余项，初步建立 3~5 个节能孵化器，使高效节能产品与装备市场占有率提高到 50%以上。

（2）推进电机系统节能、能量系统优化、余热余压利用等重大节能关键技术与产品产业化及规模化应用。在北京、上海、天津、江苏等高等院校和企业相对集中的地区，组成节能装备制造产业联盟，开展方案设计、技术研发验证、示范应用、成果推广等成套化、系统化、专业化、规范化、标准化服务。逐步淘汰落后电机、落后锅炉等低效高能耗设备和产品，逐步淘汰、关停 20 万千瓦及以下非热电联产燃煤机组，到 2020 年京津冀地区全部关停。实施燃煤电厂节能与超低排放改造、建筑节能改造等节能技术改造工程。

（3）组织实施城市、园区和企业节能示范工程，推广高效节能技术集成示范应用。鼓励环渤海、长三角、珠三角等具有产业基础、区位优势和智力资源优势的地区率先发展，加快形成节能装备制造集聚优势。选择 10 个市（区、县）及 10 个园区实施城市节能、园区节能示范工程，推进节能城市、园区、企业示范应用。

（八）绿色低碳技术综合创新示范重大行动计划

绿色低碳发展已成为全球经济、产业和科技发展的方向与潮流，我国基于前期试点成效，于 2017 年正式启动了全国碳排放权交易市场，区域集聚效应开始显现。但区域建设的系统性与综合性较差，低碳试点示范区域建设薄弱，绿色低碳技术创新及产业化能力不足。开展绿色低碳技术综合创新示范重大行动计划，可加快我国转变经济发展方式，大力推进生态文明建设，打造新型的城镇化模式。到 2020 年，在京津冀、长三角、珠三角等地区初步建设 3~6 个绿色低碳示范城市、20 个绿色低碳工业园区、30 个试点示范绿色制造工厂。

1. 京津冀地区绿色低碳技术综合创新示范

在冀中平原区生态资源可持续性较好的地方建设若干新型绿色低碳城镇，加快推行绿色出行，实施一批水源地涵养、河流生态修复与水安全保障平台建设创新工程及大气环境综合整治示范工程，加强京津冀政产学研资源整合，开展生态低碳农业项目示范工程。

2. 长三角地区绿色低碳技术综合创新示范

落实"水十条"科研成果的产业化,实施长江、钱塘江等水环境综合治理效果追踪工程。开展大气、土壤污染防治产业的试点示范,在江苏、浙江、上海等地实施现有工业企业燃煤设施清洁能源替代工程,实施江苏、浙江、上海 10 万千瓦及以上,安徽 30 万千瓦及以上煤电机组的超低排放改造工程。开展省际和城际绿色交通、绿色建筑综合应用示范。构建绿色制造体系,在汽车生产行业等实施一批绿色制造系统集成项目和工程。

3. 珠三角地区绿色低碳技术综合创新示范

构建清洁安全的能源产业化保障示范平台,规模化发展核电产业,优化火电布局,实施能源储备工程。加快落实《珠三角城市群绿色低碳发展深圳宣言》,积极推动环境治理产业化。建立、健全大气复合型污染监测和防治体系,建成跨地联手治理污水的合作型示范工程,率先建立海陆产业综合示范基地。建设具有典型地域特色的低碳城市,推动建立循环经济工业园区和绿色循环发展产业体系,组织实施绿色智能工厂试点示范。

（九）资源循环替代体系示范重大行动计划

部分国家废弃资源回收体系较为完善,各领域均已达到成熟阶段,经过多年发展,我国开发了一批用量大、成本低、经济效益好的综合利用技术与装备,但还有明显差距,技术发展参差不齐,各领域发展不均衡。实施资源循环替代体系示范重大行动计划,将推动循环经济发展,促进节能减排,加快构建可持续的生产方式,到 2020 年,大宗固体废物综合利用率达到 60%以上,再制造实现规模化发展,废旧资源当年替代原生资源达到 13 亿吨,资源循环利用产业产值规模达到 3 万亿元。

（1）"互联网+"废弃物回收利用体系构建与完善。发展"互联网+回收""互联网+资源化加工""互联网+再生产品利用""互联网+管理"，建立系统的包括各种线上与线下的物流、销售渠道、平台的回收网络体系，扩大废旧资源的回收种类，推动资源化加工技术向智能化、自动化发展的同时，延伸产业链，结合以消费者主导的 C2B（customer to business，消费者到企业）商业形态对接需求，推动政府管理组织的扁平化、一体化发展。

（2）新品种废弃物的回收利用。将太阳能光伏板、动力蓄电池、废液晶、碳纤维材料和节能灯等新兴废弃物纳入回收利用体系。推进新品种废弃物回收利用技术的研发和应用。选择北京、上海、山东等地开展光伏垃圾的回收利用试点示范，选择北京、深圳、重庆等地开展动力蓄电池废弃物回收利用试点示范，选择 10 个节能示范园开展节能灯废弃物回收利用试点示范。

（3）城市低值废弃物协同处理。明确低值可回收物的范畴，出台低值可回收物的目录，制定低值可回收物回收利用激励政策，逐步将生活垃圾的终端处理费调整部分至前端，实行垃圾治理和再生资源回收网格化管理，配套建立后端处理设施，使前端回收与后端处理有效衔接，建立再生资源回收与生活垃圾清运两网协同体系。

（4）大宗固体废弃物综合利用。研发与推广尾矿、煤矸石、粉煤灰、冶炼渣、工业副产石膏和赤泥等大宗工业固体废弃物综合利用关键技术。建设 10 个以大宗工业固体废弃物综合利用为主要特色的国家新型工业化产业示范基地，培育和扶持固体废弃物综合利用专业化、现代化企业与资源综合利用企业集群。

（5）再制造规模化发展及产品的推广应用。建设以售后维修为核心的旧件回收体系，推广应用再制造产品，出台全面、系统的再制造产品标识管理办法，强化政府绿色采购制度。推动再制造服务业的发展，鼓励专业化再制造服务公司提供整体解决方案和专项服务，大力发展再制造咨询服务业。

五、数字创意产业重大行动计划

2016 年的《政府工作报告》首次提出"大力发展数字创意产业"。《中华人民共和国国民经济和社会发展第十三个五年规划纲要》第二十三章"支持战略性新兴产业发展"明确列出了数字创意产业。以数字技术和先进理念推动文化创意与创新设计等产业加快发展，促进文化科技深度融合、相关产业相互渗透。《"十三五"国家战略性新兴产业发展规划》中，数字创意产业首次被纳入国家战略性新兴产业发展规划。到 2020 年，我国将形成文化引领、技术先进、链条完整的数字创意产业发展格局，相关行业产值规模将达到 8 万亿元。发展数字创意产业是把握新工业革命机遇的关键环节，而"一带一路"倡议及京津冀协同发展、长江经济带发展等区域发展战略是推动数字创意产品发展的新动力。

面向 2020 年形成 8 万亿元数字创意市场目标，"十三五"期间数字创意产业发展的重点是：建成完备的数字文化创意技术装备创新体系；初步形成连接全国主要文博单位的中华文明大数据网络；构建基于中华文明大数据和全民创意的数字出版与传播新业态；形成数字文化内容服务应用与创新设计的蓬勃发展态势；形成若干数字创意产业集群与其他产业融合发展的格局。

大力发展数字创意产业是深化供给侧结构性改革，为人民日益增长的美好生活需要提供优质供给的重要抓手，有助于增强我国经济创新力和竞争力，同时有助于大幅提升国家文化软实力和中华文化影响力。

发展数字创意产业的意义有以下几方面。

（1）经济意义：至 2020 年，形成 8 万亿元数字创意市场，约占 GDP 的 10%。

（2）文化意义：能够大力推动我国文化实力的发展，把我国文化介绍给全世界。

（3）社会意义：创造大量就业机会；与教育结合，为创新力和想象力的培养带来了新方法、新思路。

（4）世界意义：数字创意产业可以通过文化融合，发展人类命运共同体，促进人类融合。

（一）数字文化创意技术装备创新提升工程重大行动计划

数字技术的发展已经渗透到各个产业之中，数字技术成为各行业发展的重要推动力量，传媒行业的传播体系构建也在其影响下发生着深刻的变革，"十三五"期间 4K 超高清技术会起到最核心的引领作用。随着近期国际标准的制定及测试验证工作的完成，4K/UHD①在全球范围进入大规模部署阶段。我国目前仍处于高清时代，已经具备了 AVS2 传输编码标准，但是 HDR②和 3D Audio 标准制定工作略为滞后，全国范围内尚无 4K 超高清频道。下一代数字内容传播体系的建立，将把信息获取的手段和用户体验提升到一个全新的高度，要依托于使能技术、应用技术及终端设备技术三个层面技术的突破。

1. 使能技术

使能技术是指通用的基础性信息技术，包括人工智能、大数据、云计算、数字感知、未来网络技术等。应将精力投入到使能技术的应用方式上，组织团队密切跟踪国际及国内使能技术的最新研究成果，并积极思考在数字创意领域中的应用方法。

---

① UHD：ultra high definition，超高清。

② HDR：high dynamic range，高动态范围。

2. 应用技术

应用技术是指媒体行业中各专业技术领域实现层面的技术。应用技术是数字创意项目要进行重点攻坚的对象，应对各类应用技术组织成立专项技术团队进行立项研究，重点培育一批骨干创新型技术研发企业，"十三五"期间力争在沉浸式内容生产、观众交互娱乐及数字内容处理等重点技术领域达到国际领先水平。

3. 终端设备技术

终端设备是用户进行内容消费的承载对象。应集中力量关注终端设备的安全性、舒适性、可靠性、智能性等方面的发展，争取国家在政策层面予以扶持，制订产业发展规划，创建产业联盟，选取合适区域建立生产基地，针对 4K 电视机（支持 HDR 功能）、沉浸式音频设备及虚拟现实头戴装备等重点设备领域，要在"十三五"期间形成规模化自主生产能力。

（二）数字内容创新发展工程重大行动计划

数字内容产业是数字创意产业的核心，也是数字创意产业的主体内容。数字内容包含网络文学、网络游戏、网络动漫、数字视频、数字音乐、互联网广告等多个领域。数字内容产业既受设计与技术的影响，又反向推动设计与技术的进步。同时，数字内容产业容易和下游产业结合，创造更多融合领域。

数字内容产业是信息时代文化、创意、信息多内容融合的交叉领域，数字内容的生产模式从单一的 PGC（professional generated content，专业生产内容）模式转变为 PGC、UGC（user generated content，用户生产内容）和 IGC（intelligence generated content，智能生产内容）模式并存。在"互联网+"的大背景下，我国数字内容产业呈现蓬勃发展的态势，但国内创新环境不佳，UGC 的大部分作品质量偏低，优秀人才匮乏，政策机制还不完善。IGC 正在改变传统内容产业，当前主要在新闻业发挥作用，虽然 IGC 还处于起步阶段，但未来的发展潜力巨大。

实施数字内容创新发展工程重大行动计划，将不断提高数字创意内容产品原创能力、文化品位和市场价值及不同内容形式之间的融合程度与转换效率，促进数字内容消费，对国家经济、社会、文化持续健康发展具有重大的战略意义。

（1）到"十三五"末，初步形成连接全国主要文博单位的中华文明大数据网络，建立一批数字内容创新集聚区和数字内容产业集群，重点建设 10 个代表性的智慧博物馆和智慧文化遗产地，建设 300 家数字内容创新示范企业，建立 200 个面向数字内容创新企业的国家数字创意中心，形成一大批具有鲜明区域特点和民族特色的优秀数字文化创意产品。

（2）面向网络文学、网络游戏、网络动漫、数字视频、数字音乐、数字出版等产业领域，建设 100 个以数字内容创新为特色的国家级数字创意特色小镇；依托数字内容领域的差异定位和优势资源，打造 3 个有国际知名度的数字创意之都。

（3）设立国家数字创意发展基金，鼓励和支持中小型企业及个人从事数字内容创作与创新；制定政策鼓励全民创意，扶持草根群创，引导建立社会化内容生产公司，建设若干 UGC 展示云平台、PGC 生产云平台，建立 200 个国家级数字内容创意"双创"空间；完善版权登记制度，构建版权公示制度，通过创新性举措建成合理的数字内容出版交易平台和第三方信用认证平台。

（三）创新设计发展工程重大行动计划

创新设计是面向知识网络时代的设计，以绿色低碳、网络智能、开放融合、共创分享等为主要特征，为产品、产业的全过程提供系统性服务，以技术创新、产品创新和服务创新为一体，是实现科技成果转化、创造市场新需求的核心环节。创新设计既是数字创意产业的主要构成内容，又为数字创意产业核心技术及基础装备的创新发展提供方法与流程，也是把数字内容与其他产业开展深度融合的推动力。我国在装备制造、文化创意等领域的创新设计能力已经取得重大突破，涌现出一批具有世界先进水平的创新设计成果，设计产业的区域集聚和辐射效应基本形成，但现有的设计竞争力还弱于国家竞争力，强化和提升创新设计能力具有重大战略意义。

（1）制定实施制造业创新设计行动纲要。规划未来创新设计发展的方向目标和重点任务，支撑国家创新驱动发展战略实施，强化对制造业转型升级的支撑和服务能力。

（2）建设数字创意国家重点实验室。瞄准世界数字创意科技前沿，实现前瞻性基础研究、引领性原创成果重大突破；针对创新设计和数字创意技术应用基础研究，设计研发关键技术、前沿引领技术和装备，形成颠覆性创新；突出以文化创意、内容生产与版权利用作为核心的研究和开发；研究和布局"科技+设计+文化"的深度融合，引领周边产业领域协调发展。

（3）建设一批国家级工业设计中心，建设国家创新设计研究院，建设一批具有国际影响力的设计产业集聚区。

（4）建设增材制造等领域的设计大数据平台与知识库，促进数据共享和供需对接。

（5）通过发展创业投资、政府购买服务、众筹试点等多种模式促进创新设计成果转化。组织引导社会资本，建立10亿元的数字创意产业创新创业基金，为数字创意领域创业企业提供种子投资和天使投资。

（6）加大创新设计教育。支持高等院校设置数字创意专业，鼓励企业与社会培养创新设计人才，成立数字创意国际高等院校联盟。

（7）培育设计文化与设计品牌。打造中国设计品牌示范工程，评定国家数字创意中心，主办国际数字创意产业发展大会。

参 考 文 献

[1]国务院办公厅. 国务院办公厅关于印发能源发展战略行动计划（2014-2020 年）的通知[EB/OL]. [2016-11-19]. http://www.gov.cn/zhengce/content/2014-11/19/content_9222.htm.

[2]国家能源局. 国家能源局关于印发煤层气（煤矿瓦斯）开发利用"十三五"规划的通知[EB/OL]. [2016-11-24]. http://www.gov.cn/xinwen/2016-12/04/content_5142853.htm.

第五章　战略性新兴产业成熟度评价研究

　　此次产业成熟度评价工作主要分为两个阶段，分别是领域自评价阶段与综合评价阶段。领域自评价阶段由各领域组邀请专家自行完成，主要工作包括各领域组专家确定待评价的重点产业方向、填写自评价表单、在工作组的指导下对自评价表单进行规范性与有效性检查。综合评价阶段由工作组完成，工作组基于各领域组提交的有效自评价表单，对各产业方向的成熟度进行综合评价。此轮评价中，工作组根据前几轮评价的实践运用效果，综合专家建议，对市场成熟度的评价指标进行调整，将评价指标由原先的五级调整为三级。自 2016 年 9 月启动此次产业成熟度评价工作以来，各领域组积极组织专家选择重点产业方向进行评价。截至 2018 年 1 月，各领域组共收回产业成熟度有效自评价表单 33 份（产业信息统计时间为 2016 年 9 月~2018 年 1 月），本书对这些产业成熟度的现状进行了评价，并预测了"十三五"末的成熟度发展情况。

一、战略性新兴产业成熟度评价体系

（一）产业成熟度概念

产业成熟度（industry readiness levels）是评价和度量产业从诞生到成熟发展过程的量化标准，它反映了产业发展的完善程度，分为四个阶段：萌生阶段、培育阶段、发展阶段、成熟阶段。产业成熟度重点把握从技术、制造到产品、市场和产业的发展成熟规律，采用定性、定量相结合的方法将成熟过程划分为若干成熟阶段，即成熟度级别。

产业成熟度评价方法作为分析和评价技术到产业发展状态的工具，综合领域专家的评审意见，对领域重大方向的技术、制造、产品、市场和产业的成熟度进行判断，估计当前的成熟度等级，并对未来发展的重要时间节点进行预测。产业成熟度评价结果可以对比一项产业方向自身的发展情况，也可以领域内或领域间作横向比较。独立第三方专家对自评价结果评审得到的结论，体现了第三方评估的客观性和公正性。产业成熟度评价为管理部门和承研单位认识产业各个层面现状提供依据，为进一步提出培育与发展建议提供参考。产业成熟度评价模型如图 5-1 所示。

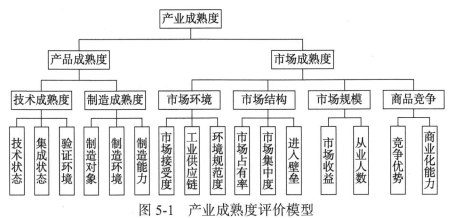

图 5-1　产业成熟度评价模型

（二）评价指标

1. 技术成熟度评价指标

技术成熟度（technology readiness levels）是对技术成熟程度进行度量和评价的一种标准。技术成熟度划分为 9 个级别，涵盖了从发现基本原理、提出技术概念和应用设想，到研发出成熟技术产品的全过程，如表 5-1 所示。

表 5-1　技术成熟度评价准则

级别	技术成熟度评价准则
1	观察到支撑该技术研发的基本原理或看到基本原理的报道
2	提出将基本原理应用于系统中的设想
3	关键功能和特性初步通过实验室可行性验证
4	以部件级实验室产品为载体通过实验室环境验证
5	以单机级初级演示验证产品为载体通过模拟使用环境验证
6	以分系统或系统级高级演示验证产品为载体通过模拟使用环境验证
7	以系统级工程原型产品为载体通过典型使用环境验证
8	以系统级试用产品为载体通过测试和交付试验
9	系统级的成熟产品通过广泛应用和考验

2. 制造成熟度评价指标

制造成熟度（manufacturing readiness levels）是对关键制造能力的成熟程度进行评价和度量的一种标准，它量化反映了制造能力对生产目标的满足程度。将制造成熟度划分为 10 个级别，涵盖了从提出制造内涵到形成批量生产和精益化生产能力的全过程，体现了从研制到生产的一般发展过程，如表 5-2 所示。

表 5-2　制造成熟度评价准则

级别	制造成熟度评价准则
1	确定制造内涵
2	确定制造方案
3	制造方案的可行性得到初步验证
4	具备在实验室环境下制造技术原理样件的能力
5	具备在相关生产环境下制造原型部件的能力
6	具备在相关生产环境下制造原型系统或分系统的能力
7	具备在典型生产环境下制造系统、分系统或部件的能力
8	试生产线能力得到验证，准备开始低速率生产
9	低速率生产能力得到验证，准备开始全速率生产
10	全速率生产能力得到验证，转向精益化生产

3. 产品成熟度评价指标

产品成熟度（product readiness levels）是评价和度量产品研制所处发展状态的量化标准，它反映了产品对预期应用目标的满足程度。产品成熟度集成方法见表 5-3。

表 5-3　产品成熟度集成方法

产品成熟度级别	产品阶段	技术成熟度级别	制造成熟度级别
1	概念产品	1	1
		2	2
		3	3
2	实验室产品	4	4
		5	5
		6	6
3	工程化产品	7	7
			8
4	示范产品	8	9
5	市场产品	9	10

4. 市场成熟度评价指标

市场成熟度（market readiness levels）是评价和度量市场相对于完

全成熟而言所处状态的标准。市场需求作为外因，是拉动牵引技术进步的重要因素。市场成熟度的主要属性有市场环境、市场结构、市场规模和商品竞争，这些属性是反映市场成熟状况的显性指标。

1）市场环境评价指标

市场环境是指影响产品生产和销售的一系列外部因素。这些因素与市场营销活动相关，主要包括市场接受度、工业供应链、环境规范度。

市场接受度：公众和媒体对新技术产品的使用与反应程度。

工业供应链：产品工业生产的上下游环节衔接情况。

环境规范度：市场运行与管理规范的程度。

2）市场结构评价指标

市场结构是指市场中各种要素之间的内在联系及其特征，主要是供给者和需求者之间的关系，包括市场占有率、市场集中度、进入壁垒。

市场占有率：新产品在市场同类产品中所占的比重。

市场集中度：相对于特定市场而言，是销售产品（或服务）企业的垄断程度，是衡量产业竞争性和垄断性的重要指标。

进入壁垒：进入市场的障碍。

3）市场规模评价指标

市场规模就是商品市场的量，包括市场收益、从业人数。

市场收益：由产品或服务销售所带来的收益。

从业人数：新兴技术研发、生产与销售等环节的人员数量。

4）商品竞争评价指标

商品竞争是指市场经济中同类经济行为主体出于自身利益的考虑，以增强自身的经济实力，排斥同类经济行为主体的相同行为表现，包括竞争优势、商业化能力。

竞争优势：商品自身技术性能、功能、质量工艺、设计或者服务等外在具有的同类商品对比优势。

商业化能力：商品实现商业化的战略、规划、投入、成本等自身发展规划优势。

市场成熟度的属性见表 5-4。

表 5-4　市场成熟度的属性表

市场成熟度属性		1级（导入期）	2级（成长期）	3级（成熟期）
市场环境	市场接受度	公众关注新技术产品的商业化示范性应用	公众了解新技术产品的特点后而逐步商业推广	公众完全接受而成为市场主流产品
	工业供应链	初步形成的工业供应链	工业供应链各个环节衔接稳定	供应链多元化且供给服务完善
	环境规范度	新兴市场尚未规范有序	市场环境持续改进，保障市场健康、快速发展	市场环境完善稳定
市场结构	市场占有率	初显	快速增长	趋于平稳
	市场集中度	出现生产销售企业，集中度较高	进入企业较多，集中度大幅下降	集中度平稳
	进入壁垒	少数企业掌握核心技术，技术壁垒高	公众接受技术产品，由技术壁垒向规模壁垒发展	产业规模经济效应显现，规模壁垒高
市场规模	市场收益	产品导入市场，开始出现销售收益	市场快速发展，市场利润快速增长	市场收益转为价值和资本
	从业人数	以研发人员为主，开始有生产和销售人员	以生产和销售人员为主，且人员规模大幅增加	从业人员数量和结构趋于稳定
商品竞争	竞争优势	新技术产品商业化应用体现出竞争优势	新产品竞争优势获得确认并逐步商业推广	公众完全接受而成为市场主流产品
	商业化能力	新产品生产成本较高，初步具备商业化能力	新产品积极推广，商业化能力不断提高与兑现	成为主流市场产品，具有较高的商业化能力

5. 产业成熟度评价指标

由于产业的发展具有从产品成熟到市场成熟的时序关系，同时根据产品成熟度等级划分（表 5-3）和市场成熟度等级划分（表 5-4），不难看出，产品成熟度的 4 级和市场成熟度的 1 级、产品成熟度的 5 级和市场成熟度的 2 级与 3 级分别在发展时期上是重合的，产业成熟度等级可以划分为 4 级，其中前 1 级对应产品成熟度，后 3 级分别对应市场成熟度和产品成熟度，如图 5-2 所示。

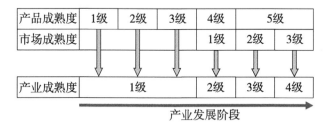

图 5-2　产品成熟度、市场成熟度与产业成熟度的对应关系

二、部分战略性新兴产业成熟度评价结果

此轮评价中，各领域共计筛选了数十项具有代表性的产业方向进行产业成熟度评价，根据各领域自评价专家的反馈结果，截至 2018 年 1 月，各领域组一共收回 33 份产业成熟度有效自评价表单（产业信息统计时间为 2016 年 9 月~2018 年 1 月），工作组基于自评价表单进行了综合评价，评价结果见表 5-5。

表 5-5　33 项重点产业方向的成熟度评价结果

序号	领域	产业方向	技术成熟度级别	制造成熟度级别	市场成熟度级别	产业成熟度级别
1	信息技术	半导体照明	9	10	3	3（发展阶段）
2		人工智能语音识别	8	8	1	1（萌生阶段）
3		超高清（4K/8K）量子点液晶显示	8	8	1	1（萌生阶段）
4		集成电路	8	4	1	1（萌生阶段）

续表

序号	领域	产业方向	技术成熟度级别	制造成熟度级别	市场成熟度级别	产业成熟度级别
5	高端装备	民用飞机服务支援体系示范工程	7	8	1	1（萌生阶段）
6		智能工业机器人	5	4	1	1（萌生阶段）
7		中国标准高速动车组	9	10	3	4（成熟阶段）
8		城际动车组	9	9	1	2（培育阶段）
9		低地板现代有轨电车	9	9	1	2（培育阶段）
10		中低速磁悬浮列车	7	8	1	1（萌生阶段）
11		智能机床	6	5	1	1（萌生阶段）
12		大型高性能金属构件增材制造	8	8	2	1（萌生阶段）
13	新材料	集成电路用半导体材料	7	8	1	1（萌生阶段）
14		功能晶体材料	7	6	1	1（萌生阶段）
15		锂离子动力电池	8	8	1	1（萌生阶段）
16		汽车用钢材料	5	5	1	1（萌生阶段）
17		心脑血管材料及血管支架	8	9	1	2（培育阶段）
18	新能源汽车	插电式混合动力汽车	8	9	1	2（培育阶段）
19		纯电动汽车	8	9	2	2（培育阶段）
20		燃料电池汽车	7	7	1	1（萌生阶段）
21	能源新技术	整体煤气化联合循环	8	8	1	1（萌生阶段）
22		页岩气	9	7	1	1（萌生阶段）
23		电力电子装备	6	8	2	1（萌生阶段）
24		自主三代压水堆核能发电	8	9	2	2（培育阶段）
25		下一代大容量智能化风力发电	5	7	1	1（萌生阶段）
26		玉米整株燃料乙醇生物炼制	4	8	1	1（萌生阶段）
27	节能环保	高滤速反硝化脱氮生物滤池	7	9	2	1（萌生阶段）
28		城市与工业污水深度处理技术	7	7	1	1（萌生阶段）

续表

序号	领域	产业方向	技术成熟度级别	制造成熟度级别	市场成熟度级别	产业成熟度级别
29	数字创意	创新设计	7	7	2	1（萌生阶段）
30		数字内容媒体传播	8	8	1	1（萌生阶段）
31		数字内容创新	7	7	2	1（萌生阶段）
32	智能制造	"互联网+智能制造"	3	2	1	1（萌生阶段）
33	生物技术	应急疫苗	7	7	1	1（萌生阶段）

　　根据评价结果，我国战略性新兴产业的发展总体处于萌生阶段，少部分产业完成了由萌生阶段向培育阶段的过渡，只有极少数产业率先进入了发展阶段与成熟阶段。具体来说，33 项重点产业方向中有 25 项处于萌生阶段，6 项处于培育阶段，占比分别达到了 75.76% 与 18.18%（图 5-3）。仅有 2 项重点产业方向处于更高的产业阶段，分别是半导体照明进入了发展阶段，以及中国标准高速动车组进入了成熟阶段。

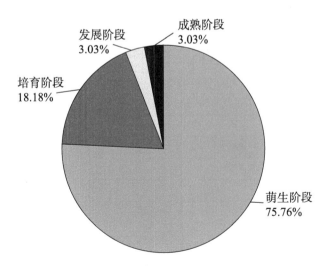

图 5-3　各产业方向所属发展阶段统计

　　截至 2018 年 1 月，33 项重点产业方向中有 24 项的技术和制造能力取得了突破，技术成熟度大于等于 7 级，同时制造成熟度大于等于 7 级，已具备工程化产品生产能力（表 5-6），其中，有 8 项重点产业方向已经具备了示范产品生产能力（具备了示范产品生产能力是指达到或超过示范产品的生产能力，产品阶段包括示范产品和市场产品）。但同时可以看出，这些重点产业方向的市场成熟度普遍较低，仅有中国标准高速动车组和半导体照明的市场已经分别处于成熟阶段和发展阶段，其他产业的市场均处于萌生阶段或培育阶段，产业市场环境有待进一步完善。建议在"十三五"时期，对技术成熟度和制造成熟度高的产业方向，应该重点推广商业示范应用范围，加大政策扶持力度促进它们的市场化发展。而对其他技术成熟度和制造成熟度仍处于起步阶段重点产业方向的市场，建议在技术研发和制造能力上给予扶持，以尽快取得突破性进展，为市场和产业的进一步发展奠定基础。

表 5-6　已具备工程化产品生产能力的产业方向统计

序号	产业方向	产品阶段
1	人工智能语音识别	工程化产品
2	超高清（4K/8K）量子点液晶显示	
3	民用飞机服务支援体系示范工程	
4	中低速磁悬浮列车	
5	大型高性能金属构件增材制造	
6	集成电路用半导体材料	
7	锂离子动力电池	
8	燃料电池汽车	
9	整体煤气化联合循环	
10	页岩气	
11	高滤速反硝化脱氮生物滤池	
12	城市与工业污水深度处理技术	
13	创新设计	
14	数字内容媒体传播	

序号	产业方向	产品阶段
15	数字内容创新	工程化产品
16	应急疫苗	
17	城际动车组	示范产品
18	低地板现代有轨电车	
19	心脑血管材料及血管支架	
20	插电式混合动力汽车	
21	纯电动汽车	
22	自主三代压水堆核能发电	
23	半导体照明	市场产品
24	中国标准高速动车组	

从各领域的评价结果来看，信息技术、高端装备、新材料、新能源汽车、能源新技术五个领域的产业发展较为领先，一批重点产业方向已具备了示范产品生产能力。其余领域的产业化发展程度较上述五个领域稍显滞后，目前尚无重点产业方向具备示范产品生产能力。具体统计结果见图 5-4 与图 5-5。

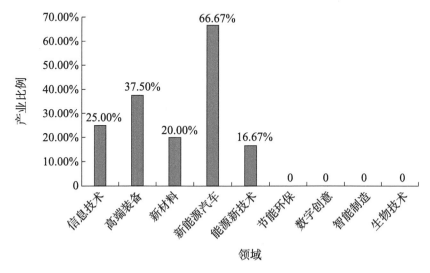

图 5-4　各领域具备示范产品生产能力的产业比例

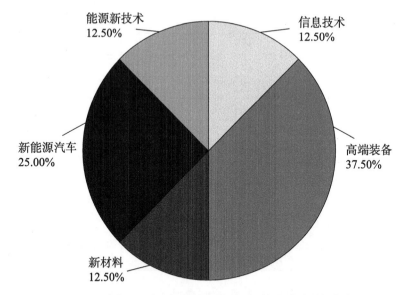

图 5-5　具备示范产品生产能力的产业在各领域分布

三、"十三五"末部分战略性新兴产业成熟度预测

各领域组织专家对 33 项重点产业方向"十三五"末的产业成熟度进行了预测，预测结果见表 5-7。

表 5-7　33 项重点产业方向"十三五"末的产业成熟度预测结果

领域	产业方向	"十三五"末技术、制造和市场成熟度级别预测			技术、制造和市场完全成熟所需时间预测/年			"十三五"末（2020 年）产业成熟度级别预测
		技术	制造	市场	技术	制造	市场	
信息技术	半导体照明	9	10	3	1	1	3	4（成熟阶段）
	人工智能语音识别	8	8	2	3	2	5	1（萌生阶段）
	超高清（4K/8K）量子点液晶显示	8	8	1	3	8	12	1（萌生阶段）
	集成电路	9	8	2	3	8	8	1（萌生阶段）

续表

领域	产业方向	"十三五"末技术、制造和市场成熟度级别预测			技术、制造和市场完全成熟所需时间预测/年			"十三五"末（2020年）产业成熟度级别预测
		技术	制造	市场	技术	制造	市场	
高端装备	民用飞机服务支援体系示范工程	9	10	3	2	3	3	4（成熟阶段）
	智能工业机器人	6	7	2	18	12	12	1（萌生阶段）
	中国标准高速动车组	9	10	3	3	2	2	4（成熟阶段）
	城际动车组	9	10	3	2	2	3	4（成熟阶段）
	低地板现代有轨电车	9	10	2	3	2	8	3（发展阶段）
	中低速磁悬浮列车	9	10	2	4	4	8	3（发展阶段）
	智能机床	8	8	2	5	5	13	1（萌生阶段）
	大型高性能金属构件增材制造	9	9	2	3	8	13	2（培育阶段）
新材料	集成电路用半导体材料	8	9	2	8	8	13	2（培育阶段）
	功能晶体材料	8	6	2	5	8	13	1（萌生阶段）
	锂离子动力电池	9	10	3	1	3	3	4（成熟阶段）
	汽车用钢材料	9	8	2	3	5	7	1（萌生阶段）
	心脑血管材料及血管支架	9	10	3	1	1	2	4（成熟阶段）
新能源汽车	插电式混合动力汽车	9	10	2	3	3	8	3（发展阶段）
	纯电动汽车	9	10	2	3	3	8	3（发展阶段）
	燃料电池汽车	8	9	2	8	11	16	2（培育阶段）
能源新技术	整体煤气化联合循环	9	10	2	1	3	3	3（发展阶段）
	页岩气	9	9	2	1	10	10	2（培育阶段）
	电力电子装备	9	9	2	3	10	8	2（培育阶段）

续表

领域	产业方向	"十三五"末技术、制造和市场成熟度级别预测			技术、制造和市场完全成熟所需时间预测/年			"十三五"末（2020年）产业成熟度级别预测
		技术	制造	市场	技术	制造	市场	
能源新技术	自主三代压水堆核能发电	9	10	2	3	3	5	3（发展阶段）
	下一代大容量智能化风力发电	8	9	2	8	8	10	2（培育阶段）
	玉米整株燃料乙醇生物炼制	7	9	2	12	12	15	1（萌生阶段）
节能环保	高滤速反硝化脱氮生物滤池	8	10	2	8	3	8	2（培育阶段）
	城市与工业污水深度处理技术	9	8	2	3	8	21	1（萌生阶段）
数字创意	创新设计	8	8	2	8	3	8	1（萌生阶段）
	数字内容媒体传播	9	10	2	1	2	8	2（培育阶段）
	数字内容创新	8	10	2	8	3	13	2（培育阶段）
智能制造	"互联网+智能制造"	5	4	1	13	13	13	1（萌生阶段）
生物技术	应急疫苗	7	7	1	10	10	15	1（萌生阶段）

　　根据产业成熟度预测结果，到"十三五"末，战略性新兴产业的关键技术将取得群体性突破，大部分产业处于快速发展阶段。其中，33项重点产业方向中将有9项进入培育阶段，6项进入发展阶段，6项进入成熟阶段，但仍然有12项仍然处于萌生阶段，具体统计结果见图5-6。相较于目前的评价结果，有6项产业方向将在"十三五"末实现至少2个产业阶段的巨大跨越（表5-8），民用飞机服务支援体系示范工程与锂离子动力电池2项产业方向更是将实现从萌生阶段到成熟阶段3个层级的产业阶段的突破。对于在"十三五"末将实现跨越式发展的产业方向，国家应对其中可能出现的颠覆性技术加强前瞻性研判与引导，同时营造良好的政策环境促进市场的持续、快速、健康发展。

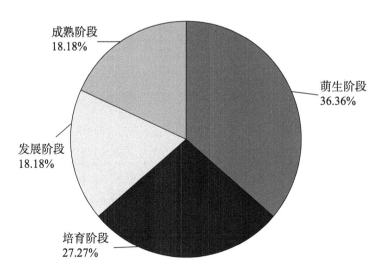

图 5-6 "十三五"末各重点产业方向所属发展阶段预测情况统计

数据未经修约，可能存在比例合计不等于 100%的情况

表 5-8 "十三五"末将实现跨越式发展的产业方向

产业方向	产业目前所处阶段	"十三五"末产业所处阶段预测	跨越层级
民用飞机服务支援体系示范工程	1（萌生阶段）	4（成熟阶段）	3
城际动车组	2（培育阶段）	4（成熟阶段）	2
中低速磁悬浮列车	1（萌生阶段）	3（发展阶段）	2
锂离子动力电池	1（萌生阶段）	4（成熟阶段）	3
心脑血管材料及血管支架	2（培育阶段）	4（成熟阶段）	2
整体煤气化联合循环	1（萌生阶段）	3（发展阶段）	2

注：实现跨越式发展是指产业在萌生阶段、培育阶段、发展阶段、成熟阶段 4 个产业发展阶段里，实现了至少 2 个层级的提升

同时也注意到，有 12 项产业方向在"十三五"末仍将停留在萌生阶段，并未实现向更高产业发展阶段的提升。表 5-9 根据成熟度预测结果与目前评价结果的比较，统计了各产业方向需重点突破的环节。国家需在技术研发、生产制造、市场培育等方面加强对相关产业的统筹规划和政策扶持，加速相关产业在重大技术突破、产业创新发展等关键环节取得突破性进展，促进相关产业的产业化进程。

表 5-9 "十三五"末仍将处于萌生阶段的产业方向

序号	产业方向	需重点突破环节
1	人工智能语音识别	技术、制造、市场
2	超高清（4K/8K）量子点液晶显示	技术、制造、市场
3	集成电路	制造、市场
4	智能工业机器人	技术、制造、市场
5	智能机床	技术、制造、市场
6	功能晶体材料	技术、制造、市场
7	汽车用钢材料	制造、市场
8	玉米整株燃料乙醇生物炼制	技术、制造、市场
9	城市与工业污水深度处理技术	制造、市场
10	创新设计	技术、制造、市场
11	"互联网+智能制造"	技术、制造、市场
12	应急疫苗	技术、制造、市场

根据预测结果，到"十三五"末，33 项重点产业方向中有 30 项的技术和制造能力将取得突破，技术成熟度大于等于 7 级，同时制造成熟度大于等于 7 级，将具备工程化产品生产能力，其中，有 21 项产业方向将形成示范产品生产能力。各产业方向的市场成熟度也将有普遍提升，在"十三五"末，将有半导体照明、民用飞机服务支援体系示范工程等 6 项产业方向的市场进入成熟期，另有 24 项产业方向的市场将处于成长期，但也要注意到，仍有超高清（4K/8K）量子点液晶显示、"互联网+智能制造"与应急疫苗 3 项产业方向的市场依然处于导入期，其产业市场环境有待进一步完善。

图 5-7、图 5-8 根据预测结果统计了"十三五"末各领域将具备示范产品生产能力的产业分布。从统计结果来看，相较于目前的评价结果，在"十三五"期间信息技术、高端装备、新材料、新能源汽车、能源新技术、节能环保、数字创意领域发展较为快速，相关领域内的

绝大部分产业将具备示范产品的生产能力。智能制造、生物技术2个领域的发展稍显滞后,国家应加强对这些领域产业方向的扶持与培育。

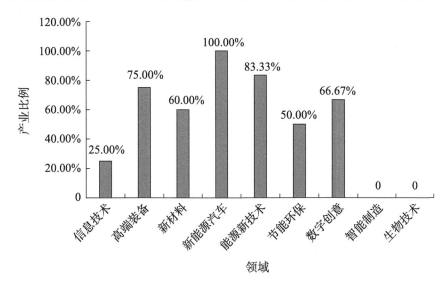

图 5-7 "十三五"末各领域将具备示范产品生产能力的产业比例

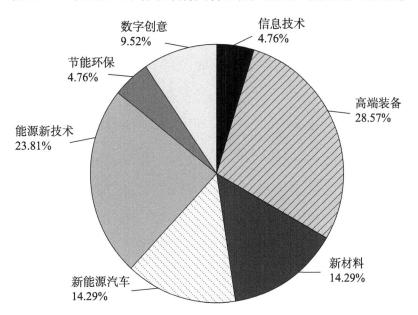

图 5-8 "十三五"末将具备示范产品生产能力的产业在各领域分布

　　从专家对各产业技术和产业完全成熟所需时间的预测来看，2020~2025 年将是战略性新兴产业的集中成熟阶段，其中民用飞机服务支援体系示范工程等 7 项产业在 2020 年左右将进入产业成熟阶段，集成电路等 11 项产业将在 2025 年左右进入产业成熟阶段。另外，将有应急疫苗等 15 项产业将在 2025~2035 年内进入产业成熟阶段。建议国家根据各领域、各产业自身的发展规律，抓住 2020 年与 2025 年这两个重要时间节点，分步骤、分阶段、有计划、有重点地推进战略性新兴产业重大行动计划的部署。

第六章　"十三五"战略性新兴产业发展政策措施建议

十九大报告指出，我国经济已由高速增长阶段转向高质量发展阶段，正处在转变发展方式、优化经济结构、转换增长动力的攻关期，建设现代化经济体系是跨越关口的迫切要求和我国发展的战略目标①。"十三五"时期，我国要更好地发挥政府作用，提高战略性新兴产业发展的质量，不断增强产业发展创新能力和竞争力，发挥市场在资源配置中的决定性作用，实现更加平衡、更加协调、可持续的发展模式。

一、强化应用基础研究，加强知识产权保护，加快产业创新体系建设

（1）加强应用基础研究，提高新兴技术的应用效率。对于现阶段方向已经比较明确的、其成果可在较短期间内取得工业技术突破的应用基础性技术，应提升与其相关配套技术的培育研发能力。一

---

① 引自 2017 年 10 月 28 日《人民日报》中的文章:《决胜全面建成小康社会　夺取新时代中国特色社会主义伟大胜利》。

方面，通过产业园区、示范性基地、科技孵化等机构，加强新兴技术的应用转化能力；另一方面，不断完善产业集群的功能，以政府为主导，以大型企业为核心，提升周边中小企业创新能力，营造推动群体性技术涌现的联盟环境，全面发挥企业在新兴技术创新及发展过程中的重要作用。以市场需求为导向，完善新兴产业的研发、实验试制、生产创新链；同时，加强技术产业链上各个主体之间的沟通效率，提高新兴技术的市场应用效率。

（2）加快推进共性技术平台建设。着眼于解决产业面临的共性技术问题，围绕关键核心技术的研发和系统集成，充分发挥企业、高等院校、科研院所的作用，建设若干资源共享、优势互补的国家级共性技术平台，完善国家重大科研基础设施共享机制。加强共性技术平台的专业化和市场化运行，通过为产业提供技术供给、产品设计、分析测试、验证试验、特殊装备使用、市场信息等公共服务，带动产业整体具备向价值链高端提升的能力。

（3）构建国家创新中心，加强创新城市和创新园区等区域创新合作，促进企业核心关键技术的自主创新。十九大报告指出，加强国家创新体系建设，强化战略科技力量[1]。深化科技体制改革，建立以企业为主体、以市场为导向、产学研深度融合的技术创新体系，加强对中小企业创新的支持，促进科技成果转化。因此，要以政府为引导，构建一批国家"互联网+智能制造"创新中心，建立产业互联智能制造创新中心、云制造创新中心、智能网联汽车创新中心、装备大数据创新中心、机器人应用创新中心、产业金融创新中心等创新中心；加快促进高等院校、科研院所、骨干企业强强联合，组建国家智能装备创新研究基地，落实智能制造、高档数控机床与基础制造装备国家科技专项。依托重点企业、科研院所和高等院校联合组建产学研用一体

---

[1] 引自 2017 年 10 月 28 日《人民日报》中的文章:《决胜全面建成小康社会　夺取新时代中国特色社会主义伟大胜利》。

的国家级风电技术创新平台，开展风能利用基础理论研究、关键技术研究和重大战略研究，加速推进太阳能电池技术和实证技术公共研究平台建设。构建国际区域协同创新平台，建议在全国科技创新中心建设城市、全面创新改革试验区和自主创新示范区等区域，加大对开放创新的改革探索。

（4）完善知识产权保护和技术转移机制。党的十九大报告指出，加快建设创新型国家，强化知识产权创造、保护、运用[①]。战略性新兴产业作为创新驱动发展的重要抓手，对我国实施创新驱动发展战略，推进创新型国家建设有着重要作用。战略性新兴产业的知识产权管理是集聚新兴产业生产要素、提升战略性新兴产业竞争优势的基础。应该完善并优化战略性新兴产业的知识产权管理与服务能力，提高我国新兴技术的扩散效率，激发新兴企业的创新活力，加速新兴产业的健康发展，同时推动创新成果产业化和市场化，这对培育战略性新兴产业的创新链和产业链具有重要作用。在试点示范城市，开展如区块链等新兴技术的产权管理模式。大力推进技术转让中心的建设，完善技术转移平台，创新专利经营的模式，落实专利的转化实施，激发创新的潜力、动力和活力，促进从研究开发到产业化的有机衔接，加快创新成果产出和转化应用。

（5）深化产学研合作。积极从法律和制度两个维度推动产学研合作创新，建立产学研合作的直接支持性政策，对产学研在合作中的责权利归属进行明确界定，促成优势互补、分工明确、成果共享、风险共担的开放式合作模式。促进产学研合作从短期、松散、单项技术的合作逐步转向在知识生成、技术研发、产业示范与商业化中的紧密稳固的合作关系。

---

① 引自 2017 年 10 月 28 日《人民日报》中的文章:《决胜全面建成小康社会 夺取新时代中国特色社会主义伟大胜利》。

二、改进政府管理方式，释放市场活力，推进战略性新兴产业健康有序发展

（1）完善适应性监管模式。通过适应性监管模式，激发市场创新活力。新兴产业的发展不仅要考虑到传统产业的成本、收益问题，还要考虑到技术及产业发展的风险问题，决策者不仅追求效率最大，还要把风险控制到尽可能低，或者可接受的程度。所以，适应性治理的目标是多元化的。第一，适应性规制在一定程度上要依靠互联网和大数据基础，从大数据中掌握事物发展的内在规律。第二，应加强政府与创新主体的协同治理能力。在规制政策的制定过程当中，跟企业、用户和其他利益相关方进行沟通。第三，在具体制定规制政策时，方向要"明"，下手要"轻"，发挥创新政策四两拨千斤的作用。同时，完善市场准入和退出机制，加大政府管控力度，由政府机构、专家库、其他第三方机构联合组成多方监管体，提升中央与地方政府沟通效率，合理发挥各级政府的约束作用，加强新一代信息产业、新能源汽车产业、生物质能源产业、太阳能产业、风能产业行业监管和政策引导，促进政策的持续优化，推进产业有序发展。

（2）深化行政审批制度改革，释放市场活力。进一步简政放权，改革行政审批管理制度，规范管理，提高效率，减少政府对资源的直接干预，在产业与科技资源配置中，进一步释放市场活力、企业活力和科研机构活力。深化电信体制改革，强化主体责任，修订完善《电信建设管理办法》，有序加快行政审批手续；进一步改革制约生物医药产业发展的行政审批制度，强化审批能力建设，加快审批速度，加强对原始创新药和集成创新生物药优先审批，创新审批制度，监管推动创新，建立早期收获审批机制、推动重点产品的创新步伐。

（3）加强产业发展的统筹与协调，推动区域差异化发展。建立

战略性新兴产业统计指标体系，制定并发布战略性新兴产业技术和产品目录。制订通用飞机产业发展规划，加强国家民用空间基础设施中长期规划的组织落实，强化卫星及应用产业国家统一管理和统筹协调，加快制订海洋可再生能源长期规划、深海生物质资源发展规划，制订增材制造装备产业化发展的整体规划，高度重视当前处于研发阶段的前沿新材料，适度超前安排研发项目；合理布局生物质能源产业，制订并出台数字创意产业发展规划，规划相关的产业化开发基地，重视规划编制和与其他规划的对接。

三、完善法律制度及标准体系建设，加强应用示范，推动产业高质量发展

（1）加快推进相关产业立法。建议加快民用航空制造业的立法，加快研究出台国家航天法，加快制定遥感卫星国家数据政策；进一步推进互联网领域的立法工作，健全网络信息服务、网络安全、大数据管理等方面的法律法规；加快完善有利于推动新材料产业进步的政策和法规体系；加强低碳政策研究和低碳立法，针对京津冀、长三角、珠三角不同地区的大气污染防治工作特点，提出和制定各自的法规政策；针对限制智能网联汽车发展的法律法规，提出废、改、立、释不同措施，促进自动驾驶车辆测试准入法规及其支撑体系的建立、健全。建立和完善我国专利侵权行为的赔偿法律制度体系，加大生物医药专利司法保护力度，降低医药企业维权成本，加大药品侵权处罚力度；抓紧出台数字创意版权保护法，打造有利于数字创意产业发展的法制体系。

（2）建立、健全先进技术标准体系。强化战略性新兴产业的标准化工作，引导骨干企业成为行业技术标准制定的主体，积极参与国际标准化活动，提升自主技术标准的国际话语权；推进工业机器

人标准体系建设，完善节能标准体系，制定新材料产业发展指导目录和投资导向意见，建立新材料产业相关的技术标准体系，强化智能电网与储能产业相关政策和技术标准的制定，建立、健全太阳能电池技术标准体系，建立大规模太阳能技术发电系统并网接入技术标准和规范；建立跨行业、跨领域、适应我国技术和产业发展需要的智能网联汽车标准体系，加快基础、共性和关键技术标准的研究制定；提高生物医药产品和技术的临床研究标准化程度；完善资源循环替代产业规制和目录，强化行业标准。

（3）全面推进质量保障工程，营造良好市场环境，拓展、培育高端市场。建立、健全产品认证制度，促进产品质量的提高和产业的优化升级，强化产品合格认证，对关键设备实行强制检测和认证。建立更完善的创新药物的药物临床试验质量管理规范，建立国家级生物药物质量评价及标准化实验室；加快建立轨道交通装备产品认证制度，加强产品质量检验检测能力建设，在关键设备和产品方面加快培育建立第三方专业检验检测和认证机构；加大能效标识和节能产品认证制度实施力度，建立技术验证评估机制。培育、拓展高端市场，以需求带动发展，促进低端产业的升级改造和淘汰更新，推动企业上档次、上规模，带动产业快速迈向全球价值链中高端。

（4）加强应用示范基地及示范工程建设，建立和完善高端装备首台套保险机制及示范应用制度。选择在航空航天、生物医疗、军工、能源动力、汽车、文化创意等增材制造重点应用领域，建立增材制造装备研制及应用的示范基地；大力实施工业机器人产业细分行业应用示范工程，推进产业化发展；打造一批国际一流的标志性"互联网+智能制造"示范工厂，有序建设一批大型煤制油、煤制烯烃、煤制气等示范项目，加快煤层气示范区建设，并给予示范区以政策扶持；打造一批基于宽带移动互联网的智能汽车与智慧交通应用示范城市，加快产业化推广；加快数字创意产业园区建设，从而推动新兴技术在市场中的扩散，提升新兴技术扩散、利用效率。建立轨道交通高新技术产品、智能机床与基础制造装备首台套示范应用机制,加强整机与成套装备研发及生产,对研制企业、首家应用单位进行专项补贴或者税费减免,推动配套设备及高端装备维修、支援、租赁、服务等产业配套体系建设,在国防系统技术改造及国家重点工程等设备招标中,应该采取安全性一票否决制,以保障国家安全。

四、创新财税金融支持,加大对中小企业支持,着力增强金融服务实体经济能力

（1）设立战略性新兴产业专项资金。加大重大创新资金投入,运用多种财税激励政策,集中支持重大产业创新发展工程、重大应用示范工程等。设立国家集成电路产业投资基金,重点支持集成电路等产业发展,促进工业转型升级,支持设立地方性集成电路产业投资基金；鼓励有条件的地方设立"互联网+智能制造"专项资金；加大我国生物制药产业的资金投入,建议整合政府科技计划（基金）和科研基础条件建设等资金,设立国家生物产业发展基金；设立地热资源开发利用专项补贴基金,扶持地热资源开发利用；设立国家数字创意发展基金,鼓励和支持数字内容创作和数字创意技术装备研发[1]。

（2）创新投融资模式。加强科技、财政、税收、金融等政策的协调,实现科技创新与金融创新的相互促进。在金融政策方面,实施鼓励创业投资发展的政策,创新信贷方式,建立适应新兴产业发展特征和支持中小企业发展的多元化、多层次融资体系。创新科技金融服务模式,为科技企业提供全方位、专业化、定制化投融资解决方案。综合运用创业投资、风险分担、保费补贴、担保补助、贷款贴息、产业引导基金等多种方式,引导金融机构加大对科技企业的融资支持。

（3）加强金融创新为实体经济服务的能力,加大对创新型中小企业支持力度。中小企业是技术创新的重要源泉和核心力量,在技术

开发、商业模式创新方面起到独特的作用。政府应该加强引导，强调金融创新应该更好地为培育、促进实体经济的发展服务，同时，加强金融创新与实体经济的联动。政府应加强投融资体系构建，为中小企业提供充足、可靠和稳定的资金保障。通过综合运用贷款贴息、风险投资、偿还性资助等多种投入方式，鼓励政策性银行设立专项基金，引导商业性金融机构为中小企业战略性新兴产业项目提供融资服务。构建中小企业公共服务平台，为中小企业提供相关信息及技术服务，探索激励中小企业创新的机制，进一步提高中小企业创新动力，激发中小企业创新活力，强化中小企业的技术创新优势。

五、优化区域开放布局，推进"一带一路"合作交流，加快培育产业竞争新优势

（1）加强产业资源整合，提升国际竞争力。改善企业的规模结构，突出国家对重点行业的聚焦支持，防止出现投资碎片化、低水平重复、同质化发展的现象。建议从国家层面加强轨道交通装备企业和其他科研单位的整合力度，助推我国机车车辆产业形成统一品牌，强势发展；提高工业机器人产业集中度，推进机器人产业的集群化发展，并大力培育具有国际竞争力的工业机器人龙头骨干企业；改善生物制药业的产业结构和行业结构，强化资产重组或企业重组，建立起大公司、大集团、大医药的产业格局；推动优势企业实施强强联合、跨地区兼并重组、境外并购和投资合作，提高新材料产业集中度，加快培育具有国际竞争力的企业集团。

（2）发挥"一带一路"倡议优势，探索各种对外合作模式。加强与美国、欧盟等航空发达国家和地区的合作，从国家层面推动中国、俄罗斯两国民用航空管理当局的合作进程，建设我国卫星及应用产业的全球化运营服务体系，进一步加强"一带一路"周边国家和地区的

卫星应用国际合作关系。支持和鼓励互联网企业联合制造、金融、信息技术、通信等领域的企业"走出去"。加强海洋工程装备产业相关领域的国际合作和技术交流，支持国内增材制造骨干企业紧跟全球发展步伐，加快融入全球产业链。依托国际重大合作项目，推动我国先进风电技术装备"走出去"。

（3）加强国际科技合作，有序扩大国家科技计划的开放水平。加强国家间和国际组织的科技合作，支持国内企业与境外产学研合作项目，加强与发展中国家的科技合作，加大对发展中国家的技术转移和培训。分领域、分步骤、有重点地推进科技计划对外开放，吸引在华的外资企业和研究机构参与国家科技计划项目，分类制定外籍科学家和外资机构参与科技计划的资质条件。继续加大财政对国际科技合作计划的投入力度，调整现行财政性科技计划和专项经费的管理政策（国际科技合作经费跨境使用，以及国外机构、科学家使用国拨经费），实现无障碍交流与合作。

（4）积极应对国际贸易保护主义挑战。面对美国不断发起的贸易战争，我国需要从战略层面高度重视战略性新兴产业的自主创新，密切跟踪国内外产业创新和国际竞争动态、各国政府的具体政策措施，以企业为核心，以增强国家竞争力为核心目标，减少对国外新兴技术专利、产品的进口依赖，在政策制定上更加国际化，充分尊重和利用国际规则，尽快增强产业的核心自主创新能力，提升整体竞争水平。

六、深化供给侧改革，不断完善人才培养与引进机制，加快建设创新型国家

（1）完善战略性人才培养体系。在人才政策方面，加强高等院校战略性新兴产业相关专业学科建设，大力培养和引进跨学科的科技、产业人才，通晓专业技术及管理方法的工程管理人才，以及熟悉国际、

国内行业市场并且懂得产业科技发展的新型企业家。建立企业与高等院校联合培养人才的新机制。研究并制定鼓励高等院校及研究机构创新人才向企业流动的机制。鼓励和引导教育部门培养大批能熟练掌握先进技术、工艺和技能的高级技术人才。

（2）充分利用全球科技成果、智力资源和高端人才。以更开放的创新政策，主动融入全球创新体系，充分利用全球创新资源，实施创新人才发展全球战略，加强高层次创新人才培养，鼓励采取核心人才引进和团队引进等多种方式引进海外人才，同时充分发挥行业协会、科研单位和大学的作用，共同建立战略性新兴产业人才体系，加强研发、生产和应用的国际合作与交流。建立跨领域"π型"人才培养体系，在国家"千人计划"和"万人计划"中进一步加大对引进海外"互联网+"领域高端人才的支持力度。

（3）坚持创新驱动发展战略。十九大报告指出，建设现代化经济体系，必须把发展经济的着力点放在实体经济上，把提高供给体系质量作为主攻方向，显著增强我国经济质量优势[①]。因此，我们要明确新兴产业的发展目标与路径，以十九大报告为方向，加快建设制造强国，加快发展先进制造业，推动互联网、大数据、人工智能和实体经济深度融合，在中高端消费、创新引领、绿色低碳、共享经济、现代供应链、人力资本服务等领域培育新增长点，形成新动能。同时，以新兴产业带动传统产业升级，扩大优质增量供给，实现供需动态平衡。

七、落实军民融合发展战略纲要，大力发展军民两用技术，推进军民创新的融合发展

（1）打破国防科技工业的行业垄断，推进基础设施统筹建设和

---

① 引自 2017 年 10 月 28 日《人民日报》中的文章:《决胜全面建成小康社会　夺取新时代中国特色社会主义伟大胜利》。

资源共享。打破制约军民融合深入发展的行业垄断、部门垄断、行政性进入壁垒，提高军民资源共享水平，提升国防科研生产效率，加大行政放权力度，加强信息发布、政策支持、军地协调等服务。所有战略性新兴产业重大基础设施建设贯彻落实国防需求，统筹考虑基础设施建设的经济回报与国防效益,贯彻基础设施在国防方面的技术标准。

（2）强化军民科技协同创新，布局军民融合领域基础研究和前沿技术研究。强化军民协同原始创新和系统布局，开展基础研究和前沿技术研究协同攻关。构建国家级军民融合创新平台，重点支持国防基础研究项目，促进民用基础研究成果向军事应用转化，建立完善基础研究军民融合机制。在人工智能、先进电子、量子技术、未来网络、清洁能源、新型材料、高端制造等技术领域，着力发展前瞻性、先导性、探索性、颠覆性技术的探索。

（3）创新军民融合政策，构建跨行业的军民融合新型技术对接与金融服务机制。创新军民融合政策，实现军民融合与区域经济协调相耦合，促进民参军的发展，发挥军工企业技术和政策优势，对民用企业进行扶持，将相关技术、人才、资源等适当分享给民用工业，实现军民良性互动、协调发展。探索开展科技军民融合和金融结合机制，探索建立从实验研究到产品生产的全过程、多元化和差异性的科技军民融合模式。

参 考 文 献

[1]多吉，王贵玲，郑克棪. 中国地热资源开发利用战略研究[M]. 北京：
    科学出版社，2017.